마케팅 하지 않는 마케터

디지털 시대, 마케터의 미래
마케팅 하지 않는 마케터

초판 1쇄 인쇄 2018년 1월 18일
초판 3쇄 발행 2018년 4월 25일

지은이 이무신

발행인 백유미 조영석
발행처 (주)라온아시아
주소 서울시 서초구 효령로 34길 4, 프린스효령빌딩 5F

등록 2016년 7월 5일 제2016-000141호
전화 070-7600-8230 **팩스** 070-4754-2473

값 15,000원
ISBN 979-11-962566-1-6 03320

이 도서의 국립중앙도서관 출판시도서목록(CIP)은 서지정보유통지원시스템 홈페이지(http://seoi.nl.go.kr)와 국가자료공동목록시스템(http://www.nl.go.kr/kolisnet)에서 이용하실 수 있습니다. (CIP제어번호 : CIP2018001253)

디지털 시대, 마케터의 미래

마케팅

하지 않는 마케터

이무신 지음

RAON BOOK

· 프롤로그 ·

문득 마케팅의 종말을 감지하다

문득 마케팅의 종말을 예감했다. 이 예감은 마케터로 살아가면서 느끼는 위기감의 발현이다.

디지털 시대에 마케팅 커뮤니케이터로 살아가면서 느낀 점 중 가장 명확한 것이 세상은 날마다 아주 조금씩 변화를 향해 나아간다는 점이다. 그 변화 앞에 서서 때로는 두려움을, 때로는 경외감을, 때로는 새로움을 느꼈고, 그 모든 변화가 어떤 질서 아래에서 어떤 목적을 가지고 움직인다는 확신을 하게 되었다. 이미 변화의 방향성은 한곳을 향해 있고, 모든 구성원이 그 방향성에 맞춰 질서 있게 움직이고 있다는 확신이다.

디지털 혁신으로 시작된 시대의 변화는 모든 분야에서 새로운 접근을 요구한다. 특히 디지털 기술에 기반을 둔 4차 산업혁명은 마케터에게 그저 또 한 번의 산업혁명이 아니라, 진부하고 고착화된 마케팅 방식의 멸종을 의미한다.

세상 그리고 소비자와 소통해야 하는 기업에서 홍보와 광고를 수행하는 커뮤니케이터의 역할은 변화의 흐름에 따라 달라져야 한다. 하지만 그들이 일하는 모습은 10년, 20년 전에 비해 크게 달라지지 않았다. 몇 가지 기능이 더해지고, 몇 가지 기능이 축소된 것 외에는 과거와 비슷하다.

매체 커뮤니케이션을 담당하는 부서의 이름은 광고 팀에서 커뮤니케이션 부서로, 때로는 캠페인 부서로 바뀌었지만, 광고라는 큰 범주에서 벗어난 적이 없고, 광고대행사 AE Account Executive 에 속한 부서의 명칭도 기획 팀에서 캠페인 팀으로, 캠페인 팀에서 커뮤니케이션 팀 등으로 계속 바뀌었다.

브랜드의 마케터나 광고대행사는 통합 마케팅 커뮤니케이션 IMC Integrated Marketing Communication 를 지향한다고 말하지만, 과거에도 현재에도 ATL Above The Line 중심의 커뮤니케이션 방식에서 한 번도 벗어난 적이 없다.

기업이 새로운 질서와 패러다임에 맞춰 변화해야 한다면 가장 먼저 어느 부서가 변해야 할까? CEO? 인사 부서? 총무 부서? 생산 부서? R&D부서? 판매·영업 부서?

나는 마케팅 커뮤니케이션 부서가 가장 빠르게 받아들이고 변해야 한다고 생각한다. 사회적 변화이든 기술적 변화이든 그 변화를 감지하지 못하고 재빨리 따라가지 못하면 기업의 생존 자체가 위협받는 시대에 살기 때문에 마케팅 커뮤니케이션 부문의 민첩한 움직임은 매우 중요하다.

핀란드의 모바일폰 기업 노키아는 가장 혁신적인 방법으로 세계 휴대전화 시장의 강자로 성장하여 2007년도 기준 핀란드 경제의 25%를 담당하고 수출의 20%를 차지한 글로벌 공룡 기업이었다. 당시 노키아는 세계 휴대전화 시장점유율에서 1위를 차지하면서 혁신의 아이콘으로 불리기도 했다. 노키아는 2009년에 쇠락의 조짐을 보이더니, 2010년에는 주당 1유로를 기록하는 참담한 상황에 내몰렸고, 2011년에는 실적 목표를 잡는 것조차 무의미한 상황으로 몰렸다. 지금은 하웨이Huawei나 비보Vivo 같은 웬만큼 알려진 중국 경쟁업체와도 상당한 격차가 벌어진 그저 그런 통신 회사가 되었다.

노키아가 어려워진 가장 큰 이유는 의사결정에 너무 많은 사람이 관여하는 조직 구조 때문이었다. 새로운 기술을 도입하거나 개선을 하는 데 너무 많은 사람이 관여했다. 경쟁사들이 새로운 기술을 도입할 때 노키아는 최소 6개월 이상을 새 기술을 검토하는 데 소비했다고 한다. 트렌드가 빠르게 변하는 IT 분야에서 6개월은 기술적 격차를 낳을 수밖에 없는 시간이다. 확실한 것은 시대 흐름에 적절하게 대응하지 못한 것이 노키아 몰락의 가장 큰 원인이라는 점이다. 만약 시장의 흐름을 누구보다 빠르게 파악하여 뒤늦지 않게 변화를 시도했다면, 아마도 지금 삼성전자와 애플은 노키아와 치열한 경쟁을 하고 있을 것이다.

냉정하게 말해서 변화의 방향과 정도를 읽고 변화에 어떻게 대처하는지가 기업의 경쟁력을 좌우한다. 거대한 공룡 기업도 변화에 적응하지 못하면 살아남지 못하는 세상에 놓인 우리 처지가 안타깝지만, 그 변화의 흐름에 올라타지 못하면 변화를 가장 빠르게 감지해야 할 마케터가 살아남을 기회는 없다고 단언한다.

인공지능의 시대가 다가오는 것을 그저 바라보고 있는가? 인공지능의 시대에도 그저 예전에 하던 대로 하면 전과 같은 결과를 얻을 수 있다고 막연히 기대하고 있는 것은 아닌가? 성공한 카피라이터의 인터뷰 기사를 읽고, 새로 나온 TV CF를 보고 감탄하며 나도 저런 크리에이티브한 마케터가 되고 싶다고 희망하는 것은 아닌가.

마케팅 커뮤니케이터는 그저 광고 콘셉트를 아이데이션하고 광고 결과물인 이미지와 영상을 검수하고 적당한 매체에 메시지를 전달하는 역할에 머물러서는 안 된다.

디지털 시대의 마케터, 4차 산업혁명 시대에 소비자와 소통해야 하는 커뮤니케이터는 이제 새로운 개념의 소통꾼이 되어야 한다.

돌아보자. 산업혁명 변화 시대에는 언제나 커뮤니케이션 방법이 가장 먼저 변해왔다. 2차 산업혁명 시대에는 신문과 잡지 등 인쇄매체가 마케팅 커뮤니케이션의 전부였다. 20세기 후반 인터넷의 출현을 알린 3차 산업혁명 시대에 이르러서야 정보기술, 자동생산 기술의 발전으로 인해 TV, 라디오, 신문, 옥외광고라는 4대 매체의 개념이 전파되고 광고에서 주류로 실행되었다. 이 체계는 지금도 어느 정도 공고한 위치를 지키고 있다. 이때 시작된 커뮤니케이션 방법들이 지금도 여전히 유효하다고 마케터들은 믿고 싶어 한다. 하지만 현실은 믿고 싶은 내용이 그대로 실현되는 세상이 아니다. 이제 마케팅에서 우연은 없다.

TV나 신문, 잡지, 책, 모바일 SNS를 보다 보면 초연결hyperconnectivity과

초지능superintelligence 사회가 되고 인공지능이 세상을 변화시킨다는 이야기를 너무 쉽게 접할 수 있다. 변화의 속도가 너무 빠르다 보니 적응이 안 되어 도리어 그건 나와 무관한 이야기이고 상관없는 상황이라고 생각한다면, 불안한 마음을 기우인 양 애써 치부하는 자기 자신을 마주할 수밖에 없다.

이제 현실이다. 이미 아마존, 애플, 구글, 페이스북으로 대변되는 혁신적인 ICT 기업들은 디지털을 기반으로 성장한 기업인 만큼 마케팅 커뮤니케이션 분야에서도 디지털 시대에 맞는 변화를 주도하고 있다. 그렇다고 굴뚝산업이 없어지지도 않고 없어질 수도 없다. 제조업은 제조업의 위치에서 변화를 담담히 받아들이고, 앞서 나가려는 노력을 지속해야 한다.

마케터는 그래서 더 중요하다. 모든 브랜드 마케터가 시대에 뒤처지는 것은 아닐까 하는 불안감을 가지고 있을 것이다. 하지만 아직 늦지 않았다. 마케터가 회사의 변화와 성장에 기여할 수 있다. 새로운 변화를 그저 바라볼 것이 아니라, 그 변화의 바람 한가운데에 몸을 맡겨보자.

아무것도 하지 않으면, 아무것도 하지 못한 채 먹힐 것이다. 변화의 바람이 아무리 거세더라도 마케터가 태풍의 눈 중심에서 그 바람의 크기, 속도, 방향을 파악할 수 있다면 새로운 변화는 몇몇 기업의 전유물로만 남지는 않을 것이다.

마케터가 일하는 방법을 바꿔야 한다. 마케터로서 프로젝트를 대하는 자세를 바꿔야 한다. 어떻게 바꿀 것인가? 무엇을 새롭게 받아들이고 무엇을 버릴 것인가? 이 책은 이러한 고민들과 내 나름의 해결책을 이야기하는 책이다.

디지털 시대를 사는 마케터의 본질에 관한 이야기와 마케터가 알아야 할 새로운 디지털 커뮤니케이션 방법과 관련한 정보를 이야기하려 한다. 변화의 시대를 이끌어가는 마케터로서 살아가는 혹은 살아남는 방법이 무엇일지, 그 방법들을 이야기하려고 한다.

2018년 1월

이무신

차례

프롤로그 문득 마케팅의 종말을 감지하다 008

1장 마케터가 사라졌다

OPTION 01 세상이 변했다 021
OPTION 02 시장이 변했다 028
OPTION 03 경계가 무너졌다 036
OPTION 04 매체가 변했다 042
OPTION 05 그런데 왜 하는 일은 변하지 않는가 048
OPTION 06 하던 대로 하면 실패한다 054
OPTION 07 변화의 물살에 올라타라 060

2장 마케팅이 사라졌다

OPTION 01 디지털 마케팅의 정의 069
OPTION 02 광고, 하면 죽는다 074
OPTION 03 팔지 말고, 사게 하라 081
OPTION 04 콘텐츠를 팔아라 089
OPTION 05 인터랙티브 디지털 마케팅 098

3장 마케터 없는 마케팅, 마케팅 없는 마케터

OPTION 01 당신은 브랜드 저널리스트입니까? 107
OPTION 02 똑똑한 광고주, 더 똑똑한 소비자 114
OPTION 03 광고대행사, 변해야 살아남는다 122
OPTION 04 그래도 남은 마케터의 일 126
OPTION 05 더 이상 마케터의 자리는 없다 132
OPTION 06 광고를 혐오하는 세상 135

4장 마케팅 하지 않는 마케터의 조건

OPTION 01 유연성 143
OPTION 02 기술 이해 151
OPTION 03 디지털 트랜스퍼메이션 156
OPTION 04 그럼에도 마케터가 범하는 오류들 162

5장 마케팅 없는 마케터의 무기

OPTION 01 검색 최적화 171

OPTION 02 인플루언서 마케팅 178

OPTION 03 가상현실 콘텐츠 190

OPTION 04 브랜디드 콘텐츠 197

OPTION 05 네이티브 광고 205

OPTION 06 멀티채널 네트워크 214

OPTION 07 소셜 마케팅 220

OPTION 08 디지털 미디어 227

OPTION 09 디지털 성과 분석과 모니터링 237

6장 마케터 없는 마케팅의 미래

OPTION 01 모바일 퍼스트에서 모바일 중심으로 249

OPTION 02 데이터 기반 마케팅 255

OPTION 03 인공지능과 디지털 마케팅 261

OPTION 04 인공지능 챗봇 269

OPTION 05 사물인터넷과 마케팅 278

OPTION 06 마케터가 준비해야 할 것들 283

에필로그 새로운 기회를 만들어야 하는 마케터에게 287

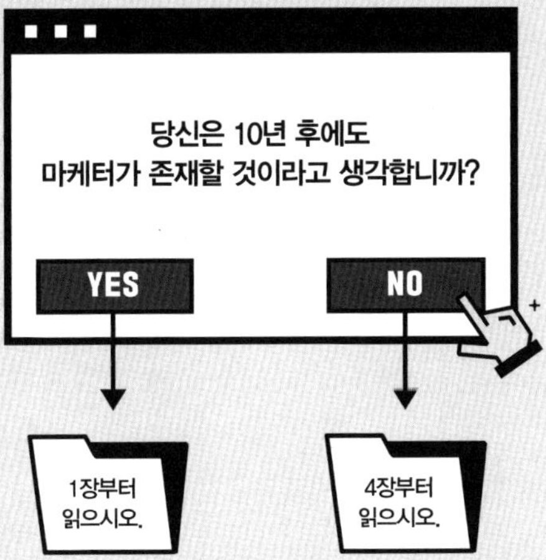
당신은 10년 후에도
마케터가 존재할 것이라고 생각합니까?
YES
NO
1장부터
읽으시오.
4장부터
읽으시오.

1장 / 마케터가 사라졌다

"비즈니스의 목적은 고객을 만들어 내는 것인데, 이를 위해서는 두 가지 기본 요소가 필요하다. 바로 마케팅과 혁신이다. 마케팅과 혁신이 성과를 만들어 낸다. 나머지는 모두 비용일 뿐이다. 마케팅은 다른 것과 구별되는 비즈니스의 독특한 기능이다."

—피터 드러커 Peter Drucker

"세상에 변하지 않는 것은 없다. 변하지 않는 것이 있다면 '이 세상에 변하지 않는 것은 없다'라는 명제뿐이다."

—대니얼 벨 Daniel Bell

OPTION

01

세상이 변했다

시대가 변한다. 마치 중력의 법칙처럼 당연하다는 듯이 시대가 변하고 있다. 아니 정확히 말하면 시대가 흐르고 있다. 돌이켜 보면 산업혁명이라는 말은 '혁명'이라는 말을 붙이기에 무리한 용어이다. 변화의 흐름이 오랜 기간 고이고 고여 큰 웅덩이를 이루고 그 웅덩이에 점차 스며든 것을 우리가 혁명이라고 부르는 셈이다.

4차 산업혁명으로 세상이 변한다고들 말한다. 마치 천지가 개벽할 것처럼 앞으로 다가올 변화를 두려운 눈으로 바라보지만, 누구도 나서서 그 변화의 실체를 명확하게 이야기하지 못한다. 실상 산업혁명이라는 것은 작은 변화들의 총합일 뿐, 일시적으로 발생하는 전환이 아니기 때문이다.

4차 산업혁명4th industrial revolution이라는 말은 2016년 1월 다보스포럼World Economic Forum에서 처음 언급되었다. 다보스포럼에서는 4차 산업혁명을 3차 산업혁명을 기반으로 디지털, 바이오, 물리학 등이 경계를 넘어 융합하는 기술혁명이라고 설명했다.

1차 산업혁명이 증기의 힘을 사용하여 기계화를 이루어 냈고, 2차 산업혁명이 전기의 힘을 이용해 대량생산 체계를 구축했으며, 3차 산업혁명은 정보기술, 전기 기술을 활용한 진보를 이루어 냈다.

아직 실체가 불분명하지만 4차 산업혁명은 디지털 기술 기반의 변화라는 점은 누구나 예측할 수 있는 사실이다. 4차 산업혁명의 주요 기반 기술은 사물인터넷, 인공지능, 빅데이터, 바이오 기술, 자율주행차, 3D프린팅 기술이다. 이 기술들은 단독으로 산업의 패러다임을 바꾸는 것이 아니라, 다른 기술과 결합하여 본질적인 변화를 일으킬 것이다.

4차 산업혁명 시대에 우리 일자리는 지금과 매우 다른 모습일 것이 분명하다. 다보스포럼의 「미래고용보고서The Future of Jobs」에 따르면 현재 7세 이하 어린이의 65%가 오늘날 존재하지 않는 직업을 가지게 될 것이라고 한다. 4차 산업혁명의 자동화로 2020년까지 현재 직업 가운데 510만 가지가 없어질 것으로도 예상했다.

세상이 변하고 있다. 이 변화가 우리의 먹거리를 위협할 수도 있다. 변화가 단순히 현상에 그치지 않고 생존의 문제로 우리를 내몬다는 것이다. 활자 인쇄 시대에 있던 직업인 조판사가 사라지고 컴퓨터 프로그래머라는 새로운 직업이 등장한 것처럼, 지금 있는 많은 직업이 사라지고 또 새로 생겨날 것이다.

인류 역사에서 산업혁명이라 함은 기술 혁신과 함께 사회·경제적으로 큰 변화를 일으키는 시기를 칭한다. 1차 산업혁명은 불과 200여 년 전에 영국에서 일어났다. 와트의 증기기관으로 대변되는 그 시대의 혁신은 다가올 4차 산업혁명보다 더 큰 영향을 사회 전반에 미쳤다. 경제적 변화뿐 아니라 정치 구조를 근본부터 바꾸어놓는 혁명적 사건이었다. 왕족, 귀족 등 일부 계층 주도의 지배를 거부한 부르주아 계급이 선거법을 개정하고 새로운 시대를 여는 계기였다. 당시에는 시대의 변화가 지금보다 빠르지 않았기 때문에 산업혁명 기간이 약 40년 동안이나 지속되었다. 산업혁명이라는 용어는 1844년 프리드리히 엥겔스가 『영국 노동계급의 상황The Condition of the Working Class in England』에서 처음 쓴 것에 기원한다.

학자들은 2차 산업혁명이 1860년대 중반부터 약 35년간 지속된 것으로 본다. '에너시 혁명' 시대라 불리는 이 시기에 화학, 전기, 철강, 석유 등 공업이 급속히 신장했다. 무엇보다 새로운 인쇄기의 등장과 종이 생산 비용의 절감이라는 인쇄술의 혁신으로, 지식의 보급이 일반화되어 많은 발명과 기술이 빠르게 퍼져 나갈 수 있었다. 도시 인구 상당수가 공장 노동자로 채용되었고, 저임금 노동력의 시대가 장기화되었다. 이 당시 에디슨으로 대변되는 과학적 진보는 오늘날의 산업 발전에 크게 기여한 것으로 평가받는다.

3차 산업혁명은 정보통신, 신소재, 인터넷 등 정보화와 자동화를 중심으로 발전한 시대이다. 3차 산업혁명은 널리 정착된 용어는 아니나,

미국 경제학자이자 문명비평가인 제러미 리프킨Jeremy Rifkin이 『3차 산업혁명The Third Industrial Revolution』에서 제시한 사회 모습이었다. 이 저서가 나온 지 불과 7년이 안 돼 우리는 4차 산업혁명 시대를 바로 앞에 두고 있다.

레이먼드 커즈와일Raymond Kurzweil의 2006년 저서 『특이점이 온다The Singularity Is Near』에 나오는 인류 기술의 발전 속도 그래프에 의하면 수천 년 전부터 1차 산업혁명을 맞은 200여 년 전까지 이루어 낸 기술적 발전에 비교하여 최근 200년 동안 이룬 발전의 폭이 훨씬 빠르고 크다는 것을 쉽게 알 수 있다. 인터넷이 본격적으로 발달하는 1990년대는 불과 20여 년 전이며, 2007년 아이폰이 등장하면서 대중화된 스마트폰은 10년도 되지 않아 스마트폰이 없는 세상을 상상할 수 없는 시대를 열었다.

현재에 가까워질수록 기술 혁신이 일어나는 주기가 급격히 빨라졌다. 우리가 채 인지하지도 못하는 동안 3차 산업혁명을 거쳐, 4차 산업혁명 시대가 곧 도래한다는 사실이 놀랍지 않은가? 이미 3차 산업혁명의 꽃인 컴퓨터와 정보통신기술은 우리 생활에 깊숙이 들어와 있다. 그 기술들이 이미 오래전부터 우리 생활에 있었던 것처럼 익숙하다.

4차 산업혁명은 우리 주변의 모든 것을 바꿀 것이다. 아마도 먼저 바뀌는 것은 우리 자신일 것이다. '인공지능' '클라우드 기술' '빅데이터' '사물인터넷' '모바일 네트워크' 기술은 이 새로운 변화의 기반 기술이 될 것이며, 기술의 변화뿐 아니라 정치과 경제를 포함하는 총체적 변화를 이끌 것이다. 그 본질 자체가 융합과 연결되기 때문에 하나의 변화는 다른 하나의 변화를 연속적으로 이끌어 낸다.

문제는 산업혁명이 우리 삶에 생존이냐 아니냐 하는 문제를 가르는 구분점이 된다는 점이다. 1차 산업혁명을 거치며 세계 주도권은 영국이 가져갔고, 2차 산업혁명 이후에는 미국이 세계를 이끄는 패권국의 지위에 올랐다. 개개인에게도 산업혁명은 변화의 기회이자 절망의 순간이 될 것이 분명하다.

앞서 언급한 것처럼 다보스포럼은 「미래고용보고서」에서 다수 사회·경제적 변화를 예상했다. 이미 '일의 모습이 유연한 형태'로 변화되었다. 기술의 발달이 많은 업무를 자동화해 일자리뿐 아니라 업무 분야에도 큰 변화가 일어나고 있다.

보고서에 언급한 대로 '신흥 국가에서 중산층'이 급격히 증가하고 있으며, '자원 문제, 환경 문제'가 중대한 사회적 이슈로 대두되고 있다. '노령화 시대'와 '급격한 도심화'가 많은 사회문제를 일으키고 있다.

4차 산업혁명 사회의 주요 특징은 초연결과 초지능으로, 모든 것이 상호 연결된 지능화된 사회이다. 우리 사회는 이미 초연결 사회로 진입했다. 사물의 인터넷 연결이 빠르게 진행되고, 스마트폰이 널리 보급될수록 초연결성은 좀 더 촘촘하고 강력해질 것이다. IT 기업 시스코CISCO가 예상한 바에 따르면 2014년에는 144억 개 사물이 인터넷에 연결되었지만 2020년이 되면 501억 개의 사물이 인터넷에 연결될 것이라고 한다. 마키나 리서치Machina Research는 2015년 352조 원 규모의 사물인터넷 시장이 2020년에는 3.2배가 성장해 1140조 원 규모로 성장할 것이라고 예상했다.

미래학자들은 4차 산업혁명으로 고용구조 변화, 기술구조 변화, 산업구조 변화가 일어날 거라고 예상한다. 이미 제조업 분야에서 공장 노동력의 필요성이 점점 줄어들고 있다. 그 때문에, 값싼 노동력을 찾아 해외에 공장을 세운 기업들을 세제 혜택 등의 대우를 통해 자국으로 돌아오게 하는 리쇼어링Reshoring 현상이 독일과 같은 나라에서는 이미 벌어지고 있다.

4차 산업혁명 시대에는 저숙련 노동자 수요가 급격하게 줄어드는 대신에 고숙련 노동자 수요는 늘어날 것이다. 특히 인공지능 분야와 같은 4차 산업혁명 시대의 핵심 기술 분야에 대한 사회적 수요가 많이 늘어날 텐데, 이는 개개인의 역량에 따라 직업의 유무가 결정될 가능성이 더 커진다는 것을 의미한다. 역량뿐 아니라 개인의 특성이 그 사람이 살아가는 모습을 결정하는 시기가 오고 있다. 현재 마케터가 과거 산업 체제의 마케터에 머물면 인공지능의 블랙홀에 자리를 빼앗기게 될 것이다. 미래의 변화 속도와 방향성은 아무도 정확하게 전망하지 못한다. 다만, 4차 산업혁명의 주요 변화 요인과 미래 사회 변화에 대한 다양한 분석을 기반으로 미래를 준비하는 자세가 필요하다. 과거처럼 이과적 사고와 문과적 사고를 분리하여 생각하는 것은 자멸을 자처하는 일이다. 카피만 잘 쓰는 마케터의 시대는 이미 지나갔다. 창의성, 융합성, 문제 해결 능력을 갖춘 멀티플레이어 마케터만이 살아남는 시대가 바로 눈앞에 놓인 것이다.

환경은 바뀌었지만, 환경에 적응하는 속도는 느려졌다. 배워야 할 기술과 알아야 할 지식은 인터넷에 떠도는 수많은 지식의 총합 수준이 되었다. 1990년대 초반에는 컴퓨터 자판을 두드리는 수준의 기술이 필요했다면, 1990년대 후반에는 인터넷 이메일을 이용하는 수준이 요구되었던 것과 비슷하다. 과거에는 자판을 얼마나 빨리 치느냐가 디지털에 익숙한 정도를 가늠하는 척도였다면, 지금은 인터넷에서 얼마나 정확한 정보를 찾아내고 또 활용하는가 하는 종합적 평가를 그 척도로 보아야 한다는 것이다.

문제 해결 능력을 갖춘 마케터라면 시대의 흐름을 읽고 그 상황에 맞게 문제를 해석하여 풀어내는 능력을 갖추어야 한다. 환경의 변화에 쫓아가기 급급한 것이 아니라 변화의 의미를 해석해 내는 능력이 마케터에게 가장 중요한 능력이다. 행간의 의미를 읽는 것, 시대와 시대 사이를 간파하는 통찰이야말로 마케터가 제시할 수 있는 가장 최선의 솔루션이다.

마케터는 현재의 시장만을 바라봐서는 안 된다. 현재의 기술을 익히는 데에만 열중해서도 안 된다. 기술은 지속적으로 변하기 마련이어서, 그것에 익숙해지는 순간 그 기술은 지나간 기술이 되어 있을 수도 있다. 모바일 웹이 주목받던 시대에서 앱의 시대로, 그리고 봇의 시대로 빠르게 변하는 시대 흐름을 기술 중심 관점으로만 쫓아가는 것은 무모함이 아닐 수 없다. 동시통역 이어폰과 같은 통역 디바이스가 상용화되면 새로운 언어를 습득하는 것이 아니라 그 언어 문화권의 정서를 이해하는 것이 마케터에게 더 중요하다.

OPTION

02

시장이 변했다

지금 시대에 무엇보다 잘 어울리는 문장이 있다. "미래는 이미 와 있다. 단지 널리 퍼져 있지 않을 뿐이다." SF작가 윌리엄 깁슨William Gibson이 한 말이다. 미래는 이미 우리 곁에 와 있다. 다만 우리가 그것이 왔는지 알지 못할 뿐이다. 그 변화는 때로는 너무 느려서 전혀 느낄 수가 없고, 때로는 너무 빨라 당최 쫓을 수가 없다. 그 주변의 변화를 빠르게 감지하여 행동하는 사람이 있고, 감지하지 못한 채 변화의 큰 흐름에 휩쓸리는 사람도 있다. 어떤 사람이 될 것인가?

4차 산업혁명이란 무엇인가? 늘 그랬듯이 산업혁명이란 산업에서 패러다임이 획기적으로 바뀌었을 때 그 순서에 따라 몇 차 산업혁명이라고 명명한 것이다. 3차 산업혁명 시기에도 인터넷, 스마트폰의 등장과 같이 산업의 패러다임을 바꿀 만한 IT 혁신이 있었지만, 인공지능의 등장만큼이나 명확하고 새로운 패러다임의 변화를 접하는 요즘을 새로운 산업혁명으로 일컫는 것에 주저할 이유가 없을 것 같다.

4차 산업혁명 시대를 이끄는 IT 기술은 머신러닝Machine Learning 기반의 인공지능과 빅데이터, 가상현실 기술, 사물인터넷 기술이다. 이러한 기술에 대한 기본 이해가 전제되어야 마켓 4.0 시대에 적합한 마케터로 트렌드를 이끌어갈 수 있다.

마켓 4.0은 디지털 등을 활용한 새로운 마케팅 접근과 고객 경험을 중심으로 이루어지는, 지금까지와는 다른 개념의 시장이다.

마켓 4.0에서 마케팅 혁신의 핵심은 첫째, 개인화 마케팅이다. 소비자 개개인의 취향, 관심사, 라이프스타일을 반영하여 개인 맞춤형 마케팅이 가능한 시대이다. 소비자들은 개인화된 프로모션, 상품 추천 등에 더욱 민감하게 반응한다. 이러한 소비자 니즈needs에 대응하기 위해 인공지능 기술을 기반으로 한 콘텐츠 맞춤 추천, 개인별 맞춤 상품 제작·판매가 이뤄지면서 비용 절감, 판매 실적 증대 등의 실질적인 효과가 나타나고 있다. 그 대표적 사례가 바로 넷플릭스Netflix이다. 넷플릭스는 인공지능 기반 콘텐츠 추천 시스템을 활용하고 있다. 클라우드 기반 딥러닝deep learning 인공지능을 활용해 콘텐츠를 추천하는 방식으로 고객 이탈률을 줄여 콘텐츠 제작·구매비를 연간 1조 원 이상 절감하고 있는 것으로 추정된다.

에스파냐의 여행사인 판게아Pangea는 개인별 맞춤으로 여행 상품을 구성하여 판매하는 서비스를 제공하고 있다. 여행 전문가Travel Expert라는 시스템으로 상품을 설계하여, 고객 요청이 있을 때 상품 설명을 제공함으로써 기존 전통적 여행사 대비 약 10배 이상의 트래픽과 3배 이상의 판매 전환율을 달성하는 중이다.

둘째, 자동화 마케팅이다. 마케팅을 기획하고 타깃 고객층을 선정하고 포지셔닝을 추진하는 것까지 일련의 마케팅 프로세스를 세팅한 값으로 수행하는 자동화 마케팅 시대이다. 이미 소기업을 포함한 많은 기업에서 낮은 수준의 자동화 마케팅을 실행하고 있다. 예를 들어, 온라인 쇼핑몰을 운영하는 기업이 잠재고객들을 충성, 관심, 관망 고객으로 분류하여 충성 고객에게는 신상품 정보 중심의 적극적인 프로모션 정보를, 관심 고객에게는 정기적으로 일반적인 쇼핑몰 혜택 정보를, 관망 고객에게는 성가시지 않을 정도로 낮은 수준의 정보를 제공하는 것이다. 이러한 프로세스에 데이터를 기반으로 하는 시스템을 적용하면 자동화 마케팅이 가능해진다.

셋째, 최적화이다. 최적의 타이밍에 최선의 마케팅을 함으로써 마케팅 효율을 극대화하는 것이다. 마케팅 최적화는 광고와 정보의 홍수 속에서 소비자가 원하는 정보를 최적화된 방법으로 전달하는 것이다. 대표적인 최적화 방법이 바로 뒤에서 소개할 검색 최적화와 검색엔진 마케팅이다. 물론 최적화는 검색에만 해당하지 않는다. 콘텐츠 최적화, 매체 최적화, 디바이스 최적화 등 마케팅에 필요한 요소들에 최소 비용을 들여 최대 효과를 확보하는 것이 최적화의 본질이라고 할 수 있다.

마켓 4.0 시대에 마케팅 혁신을 이루기 위해서는 소비자 즉 고객 중

초읽기 들어간 4차 산업혁명

순서	연도	특징
1차	1784	증기, 물, 기계적 생산설비
2차	1870	분업, 전기, 대량생산
3차	1969	전자, IT, 생산 자동화
4차	?	디지털·피지컬 시스템 통합

심의 사고 혁신, 디지털 콘텐츠 혁신, 고객 경험 혁신 등의 노력이 필요하다.

그동안 브랜드는 브랜드 메이커 입장에서 콘텐츠를 구성하여 소비자에게 전달해왔다. 소비자 참여가 점차 늘고, 발전하는 디지털 기술을 활용해 소비자의 니즈를 파악하는 것이 용이해진 지금, 철저하게 소비자 니즈를 기반으로 하는 커뮤니케이션을 전개해야 한다. 이것이 고객 중심 사고 혁신의 중요한 요소이다.

새로운 소비자 세대는 비대면으로 제품을 구매하고 상담하는 것을 선호하고, 온라인의 경험이 오프라인에서도 끊김 없이seamless 이어지기를 기대한다. 또한, 최적화된 리드 관리 시스템을 통해 소비자 개인에게 맞는 혜택이 제안되기를 기대한다.

마켓 4.0 시대에 소비자는 어떻게 변하는지 주의 깊이 살펴보아야 한다. 우선 신디지털 기술 수용도가 높은 Y·Z세대가 주 소비계층으로 성장하고 있다. 디지털에 익숙한 Y세대와 Z세대는 가상현실VR, Virtual Reality과 증강현실AR, Augmented Reality 체험에 관심이 높다. 미국의 가상현실 시장조사기관인 그린라이트 VR Greenlight VR의 2015년 보고서에 따르면 Z세대는 압도적 다수인 79%가 가상현실을 긍정적으로 받아들인다.

"성을 쌓고 살아가는 자는 반드시 망할 것이며, 끊임없이 이동하는 자만이 살아남을 것이다."

– 칭기즈칸

아우디를 비롯한 글로벌 자동차 기업에서는 HMD Head Mounted Display 기기를 활용하여 차량 내부와 외부를 살펴볼 수 있는 버추얼 쇼룸을 시장에 적용하여 가상현실 기술 기반의 리테일 마케팅을 진행하고 있다. 중국의 전자상거래업체인 알리바바는 2016년 국제전자제품박람회 CES에서 VR 커머스 개념으로 가상현실 내에서 제품을 체험하고 구매까지 바로 진행할 수 있는 솔루션을 프로토타입으로 만들어 시연하기도 했다. 이러한 시스템이 좀 더 발전하여 실제 수준과 유사한 체험을 가상현실로 전달하게 된다면 새로운 개념의 세일즈가 등장하는 것도 가능할 것이다.

소비자의 생활 패턴에서 온·오프라인 채널의 경계를 벗어나 실시간 소통에 대한 니즈가 증가하고 있다. 챗봇 chatbot이 바로 이러한 실시간 소통 니즈를 반영한 새로운 디지털 마케팅 툴 중 하나이다.

소비자의 거주지역이 도심 지역으로 집중되고 있다. 도시화의 가속화로 2020년이 되면 도심 지역에 전 세계 인구 56%가 거주할 것으로 전망된다. 이런 도시화가 마케팅 커뮤니케이션과 리테일 마케팅의 변화를 초래하고 있으며, 소비자 접점의 모습을 다양하게 변화시킬 것이다. 몰링Malling이 소비자의 일상으로 자리 잡은 것도 오래된 사실이다. 현대자동차가 2015년 코엑스에 만든 '현대 모터스튜디오 디지털'과 스타필드 하남에 설치한 '현대 모터스튜디오 하남'은 소비자의 바뀐 생활 동선에 침투하여 브랜드를 알리려는 노력의 일환이다. 과거 자동차 매장이 자동차를 구매할 목적을 가지고 방문하는 장소로 인식되었다면, 고객의 라이프스타일을 고려한 종합 쇼핑 공간 내에 설치된 매장은 우연히 들러 원하는 정보를 쉽게 확인할 수 있도록 소비자를 좀 더 배려하는 콘셉트로 만들어졌다.

소비자 가치관의 변화에도 주목해야 한다. 구매 전 과정에서 소비자의 경험 여부와 경험의 질이 구매 의사에 큰 영향을 미칠 수 있다. 기술 트렌드의 변화도 주목해야 한다. 인공지능 분야가 가장 빠르게 성장하고 있는 일본에서는 페퍼를 활용한 무인 쇼룸이 도쿄 시내에 설치되어 있다. 로봇과 사람 간의 정보 교환이 정교해짐에 따라 로봇의 역할이 점차 확장되는 추세이다. 대화·감정 공유가 가능한 인간형 로봇의 개발로 대고객 접점에서 고객 응대가 가능한 서비스 로봇이 상용화되면서 과거 산업용 로봇 중심의 시장이 서비스 로봇 중심으로 재편되고 있다.

온라인 채널의 역할이 기존 디지털 마케팅에서 세일즈 중심으로 변화하고 있다. 온라인 대리점이나 오픈마켓에서 직접 구매가 쉬워지면서, 구매 의사가 발생하는 동시에 실제 구매 행위로 이어지는 환경이 쉽게 구현되고 있다.

오프라인 매장도 빅데이터와 각종 인식 기술을 활용해 소비자 경험의 질을 점점 고품질화하는 거점으로 변모하고 있다. 이미 많은 유통회사와 자동차 기업이 디지털을 기반으로 하는 새로운 개념의 매장을 운영하고 있다.

이러한 변화에 원활하게 대응하기 위해서 마케터는 먼저 소비자를 향한 시공간적 접근성을 고민해야 한다. 개인화된 구매 경험을 증진하고, 이를 위해 콘텐츠와 서비스 확대를 고려해야 한다. 디지털 기술을 활용한 UI User Interface, UX User Experience 경험 수준을 개선하는 노력을 기울여야 한다. 특히, 온·오프라인 채널 간에 끊김 없는 구매 경험 연결이 매우 중요하다.

ON YOUTUBE

에스파냐 여행사 판게아의 'PANGEA The Travel Store'는 디지털 키오스크를 활용해 고객에게 맞춤형 여행을 제시하는 디지털 서비스이다. 소비자가 마치 동네 마트를 다녀오듯이 판게아의 여행 서비스 센터를 방문하여 본인의 스케줄과 선호 형태만 제시하면 그 소비자에게 딱 맞는 여행 교통편, 호텔, 장소를 추천한다. 정해진 여행 패키지를 벗어나서 개인화된 여행 상품을 제안하는 것만으로도 판게아의 PANGEA The Travel Store는 여행자에게 새로운 즐거움을 선사하고 있다.

4차 산업혁명 시대의 마켓 4.0은 기업들로 하여금 새로운 준비를 하도록 요구하고 있다. 기술도 변하고, 사회도 변하고, 소비자도 변하는 지금, 변화하지 않는 기업은 도태될 수밖에 없다는 것은 당연한 사실이다.

마켓 4.0 시대의 마케터는 소비자의 입을 매우 신중하게 바라보아야 한다. 소비자가 다른 소비자에게 어떤 이야기를 하는지 지속적으로 관찰하는 것이야말로 자사 브랜드가 그다음 이야기와 메시지로 어떤 내용을 전달할지를 결정하는 핵심 근거이다.

요즘 시대의 소비자는 비대면 커뮤니케이션을 선호한다. 지인들과 유선전화로 통화하기보다는 SMS 서비스를 통해 문자로 커뮤니케이션하는 것을 훨씬 더 편안해한다. 금융권은 비대면 금융 서비스를 앞다퉈 내놓고, 보험 가입이나 주식 투자도 이제 집에서 인터넷상으로 하는 것이 일상적이다. 언택트Untact 마케팅이 일반화되는 상황에서 자동차업계에서 이와 같은 현상을 고려하여 적용한 것이 인공지능 챗봇이다. 현대자동차는 소비자가 비대면 채팅을 진화 통화보다 선호한다는 점에 주목하여 인공지능 기술과 소비자 니즈를 결합한 서비스로 코나 챗봇을 출시했다.

소비자의 변화된 가치관과 라이프스타일에 주목하지 않았다면 이러한 시도가 애초에 기획되지도 실행되지도 않았을 것이다. 변화된 소비자의 가치관과 라이프스타일에 맞는 솔루션을 찾아내는 것이 마케터가 해야 할 일이라는 것은 누구도 부정할 수 없는 사실이 아닐까.

OPTION

03

경계가 무너졌다

아이폰이 등장한 지 10년, 우리 주위에서 많은 변화가 일어났다. 사회적이든, 문화적이든, 경제적이든 스마트폰의 등장은 우리 삶을 바꿔버릴 정도의 큰 파괴력을 발휘해왔다. 스마트폰의 등장과 함께 디지털카메라 제품의 판매율이 지속적으로 떨어지고 있다. 시장조사기관 가트너Gartner의 보고서에 따르면 2011년 1년 동안 1억 758만 대가 팔린 콤팩트 디지털카메라는 판매가 지속적으로 줄어 2015년 8152만 대까지 떨어졌다. 니콘, 소니, 캐논 등 디지털카메라 회사는 규모만 다를 뿐 판매 감소를 지속적으로 겪고 있다.

한때 각광 받은 전자기기였던 MP3 플레이어와 PMPPortable Media Player

시장은 더 큰 타격을 받아, 당시 MP3와 PMP를 만들던 많은 기업이 업종을 전환하거나 사라졌다. 내비게이션은 스마트폰의 내비게이션 앱으로 변경되었으며, 기자들의 필수품이던 보이스레코더도 이제 찾아보기 어렵다. 연간 3000억 원 규모의 전단지 시장은 '배달의 민족' '요기요' '배달통' 같은 스마트폰 앱으로 빠르게 대체되고 있다.

산업 간 경계는 모바일 중심의 디지털 시대에 들어서 빠르게 무너져 내리고 있다. 기업은 IT 기술의 변화에 빠르게 대응하며 살아남는 생존 기업과 변화에 쫓아가지 못하고 속절없이 무너지는 기업으로 나뉘고 있다.

"세상에는 세 가지 종류의 기업이 있다. 일을 꾸미는 기업, 일이 벌어지는 것을 지켜보는 기업, 무슨 일이 있었나 의아해하는 기업이다."

– 필립 코틀러Philip Kotler

모든 것이 연결되는 초연결 사회에서는 우리가 남기는 흔적이 모두 디지털 자원이 된다. 화면을 통한 인터넷 접속만이 디지털 커뮤니케이션의 자원이 되는 것이 아니라, 소비자가 물건을 구매하는 행위와 특정 장소에 방문하여 남기는 사진 같은 것들이 소비자의 의식 흐름을 쫓고 다음 행동을 예측하는 데 영향을 미치고, 마케팅 전략을 잡는 데 필수 요인이 되는 시대이다. 그 중심에 있는 사물인터넷은 모든 데이터로 유의미한 산출물을 만들어 낼 것이며, 의식의 흐름을 가장 가까운 곳에서 쫓을 것이다.

IT 변화에 빠르게 대응하며 살아남는 전통 기업들은 고객과의 모든 접점에서 꾸준하게 고객과 연결되고, 고객의 행동 데이터를 꾸준히 쌓아간다.

2017년 9월 19일 미국 최대의 장난감 유통회사 토이저러스의 파산이 임박했다는 소식이 인터넷을 강타했다. 토이저러스가 막대한 부채 압박을 견디지 못하고 파산보호 신청을 하기로 한 것이다. 장난감 왕국 토이저러스가 이토록 맥없이 무너진 원인 중에는 스마트폰이 장난감 산업에 미친 영향도 있지만, 가장 큰 원인은 미국 유통업체 아마존과의 악연이다. 2000년대 초만 해도 토이저러스는 미국 최대의 장난감 유통업체였지만, 흐름을 읽지 못하는 큰 실수를 하게 된다. 인터넷 상거래를 자체 플랫폼이 아니라 아마존과 계약을 맺고 아마존에서 독점적으로 어린이 장난감과 용품을 판매할 권리를 얻어 온라인 판매를 진행한 것이다. 그때 토이저러스 자체적으로 가지고 있던 인터넷 상거래 영향력을 잃게 된다. 토이저러스 측 생각과 달리 아마존에서는 토이저러스 외에도 다른 장난감 회사의 제품을 팔았고 이에 토이저러스는 소송으로 대응했다. 그러나 이미 인터넷 판매의 자생력을 상당히 잃어버린 상태로 인터넷 판매 영역에 새롭게 도전해야 했다. IT 변화에 자생적으로 대응하지 못하고 다른 유통업체에 의존하는 순간 토이저러스는 이미 몰락의 길을 갈 수밖에 없었다.

"기존 매체와 커뮤니케이션 방식에만 너무 집중하는 브랜드, 새로운 소비자와의 접점 확보와 커뮤니케이션에 나서지 않는 브랜드는 결

국 소비자와의 접촉을 잃고 말 것이다."

– 짐 스텐겔Jim Stengel

반면, 스타벅스는 토이저러스와는 완전히 상반되는 길을 걸어왔다. 스타벅스의 최고경영자 하워드 슐츠Howard Schultz는 아이폰이 등장한 이듬해인 2008년에 스타벅스만의 스마트폰 애플리케이션을 시장에 출시했다. 당시 이 스마트폰 앱을 다운받아 사용하는 고객은 그리 많지 않았다. 앱 개발을 결정한 당시만 해도 커피 전문점과 스마트폰 앱은 어울리는 조합이 아니었지만, 그 필요성을 확신하고 뚝심 있게 개발한 결과 현재는 스타벅스가 막대한 실적을 올리는 데 스마트폰 앱이 큰 기여를 하고 있다.

일반적으로 전통적인 기업들은 이러한 IT 개발을 내부 자원이 아닌 외부 회사를 통해 개발한다. 더 저렴하게 개발할 수 있기 때문이다. 하지만 스타벅스는 회사 내에 IT 개발 팀을 꾸려 스스로 앱을 개발하고 지속적으로 업그레이드해왔다. 최근 자체 분석 결과 스타벅스를 방문하는 고객의 50%는 스타벅스에 들어서자마자 스타벅스 앱을 가장 먼저 실행하는 것으로 나타났다. 스타벅스 사이렌오더Siren Order를 실행하면 음료 주문, 결제, 순서, 픽업 안내까지 모든 서비스를 확인할 수 있다.

이를 통해 스타벅스가 얻으려는 것은 무엇일까? 바로 고객 행동 데이터를 통해 고객을 좀 더 자세하게 관찰하고 더 나은 서비스를 제공하는 기반을 쌓기 위해서이다. 또 산업의 경계가 허물어지는 현 시대에 새로운 변화에 대응하는 선제적인 행동이기도 하다. 미국 스타벅스는 앱 내에 이미 고객의 데이터와 함께 2017년 현재 약 11억 달러로 추정되는 막대한 고객 충전금을 보유하고 있으며, 이는 다양한 연관 산업의 재창조로 연결되는 기반이 된다. 스타벅스의 디지털 변화를 주도적으로 이끈 케빈 존슨Kevin Johnson이 하워드 슐츠 회장에 이어 후임 CEO가 된 것은 스타벅스가 디지털 혁신에 머물지 않고, 디지털 혁신을 선도하는 기업으로 성장하겠다는 선언으로 볼 수 있다.

우리는 어디에 있는가? 우리는 어디로 갈 것인가? 산업이 디지털 혁신을 만나 세상을 재창조하고 기존 산업의 기반을 송두리째 바꾸고 있는 지금. 소비자 접점에서 커뮤니케이션하는 마케터는 이 모든 변화의 중심에 있는 디지털 변화에서 스스로 소외시키는 것은 아닐까?

막연한 두려움이 무언가 해야 살아남을 수 있다는 가르침을 주기는 한다. 하지만 지금 무엇을 할지, 어떻게 할지에 대한 답은 누구도 가지고 있지 않다. 마케팅은 기업에서 작은 영역이 아니다. 마케팅 커뮤니케이션 조직은 변화를 주도하는 디지털 혁신 조직이어야 한다.

디지털 시대의 마케터는 기술과 마케팅이 어떻게 조합될 수 있는지, 어떻게 결합하여 소비자와 소통할지를 치열하게 고민해야 한다. 기존의 마케팅 커뮤니케이터에게 마케팅 메시지란 깨끗한 종이에 정갈하게 써서 표현하는 것이었다면, 이제는 그 메시지를 상호작용적인 디지털 미디어에 어떻게 조화롭게 올려두느냐의 문제로 변화되었다.

에디슨의 전구부터 각종 가전제품과 산업용 기계를 130년 동안 만들어온 제너럴일렉트릭GE은 이제 소프트웨어 기업을 자처하고 있다. 검색엔진 소프트웨어 기업이던 구글은 자율주행차와 스마트폰을 만드는 제조업을 추진하고 있다. 산업의 경계는 이미 무너졌다. 아무 관계가 없다고 생각한 분야의 기업끼리 경쟁업체가 되고 또 협력업체가 되는 것이 오늘날 현실이다. 디지털 마케터에게는 더할 나위 없이 엄청난 기회가 이 세상과 이 시대에 도래한 것이다.

ON YOUTUBE

스타벅스 앱은 오프라인 스타벅스 주문에서 할 수 있는 모든 것을 가능하도록 서비스를 제공하고 있다. 사이렌오더를 통해 모든 메뉴를 선주문할 수 있고, 주문 시에 고객이 나만의 레시피를 적용할 수도 있다. 적립 쿠폰인 이프리퀀시e-Frequency를 통해 일정 수준이 되면 주어지는 혜택을 받을 수도 있다. 소비자들은 본인의 까다로운 주문 내용을 정확하게 전달하기 위해서 매장을 방문해서도 바로 주문 데스크로 가지 않고 사이렌오더를 이용한다. 최적화된 주문을 경험하게 한다는 목표에 충실하게 스타벅스 앱은 지속적으로 업그레이드되고 있다. 하루 약 50만 명이 방문하는 스타벅스 코리아의 평균 사이렌오더 이용 건수는 현재 하루 약 6만 건이다. 이는 사이렌오더 론칭 당시 하루 평균 주문 건수인 2000건 대비 30배가 증가한 수치이며, 2017년 9월에는 스타벅스 사이렌오더 누적 주문 건수가 3000만 건을 넘어섰다.

OPTION

04

매체가 변했다

이미 기존의 미디어 질서는 철저하게 무너졌다.

콘텐츠를 만들지 않는 세계 최대의 콘텐츠 사업자인 페이스북은 이미 미디어의 역할과 매체의 의미를 뒤틀었다. 동영상을 만들지 않는 유튜브가 세계 미디어 시장의 거인으로 자리 잡은 지 오래이다. 거대한 플랫폼 사업자가 등장했을 때 개인은 스스로 미디어가 되기를 주저하지 않았고, 많은 기업이 브랜드 저널리즘을 표방하며 소비자와 직접 소통을 시도했다.

이제는 구태의연하지만 단호하게 말을 던져야 할 것 같다. 이제 소비자는 전통 매체의 권위를 믿지 않는다. 할머니, 할아버지들이 TV에서 광고한다는 이유만으로 해당 제품에 절대적 신뢰를 보내던 시기가 있었다. 1980년대, 1990년대의 시청자와 구독자의 지상파 TV 뉴스와 종이 신문에 대한 절대적인 신뢰가 없었다면 아마 1980년 광주민주화 운동은 광주에서만 일어나지 않았을 것이다. 군사정권에 의해 왜곡된 정보를 보도하는 전통 매체의 권위에 대한 절대 복종으로 인해 당시의 시민 민주주의 운동이 가려지고 왜곡된 것이다.

하지만 이제 소비자는 매체의 진실성을 무조건적으로 신뢰하지는 않는다. 기존 매체는 콘텐츠 제작 노하우와 네트워크 덕에 정보를 제공하는 주도적 역할을 여전히 하고 있다. 수준 높은 콘텐츠를 제작함에 있어 전통 매체의 노하우와 능력은 신생 미디어 기업들보다 뛰어날 수밖에 없다. 하지만 네트워크가 중요한 시대에 접어들면서 사람들이 가까운 채널이나 사람에게서 접한 정보를 더 신뢰하는 현상이 나타나고 있다.

이러한 점은 소비자의 매체 소비 형태를 보면 쉽게 이해할 수 있다. 2014년 광고대행사 오리콤에서 조사한 자료에 의하면 TV 지상파 주중 드라마 시청률은 2013년 10월 12.1%에서 2014년 10월 7.5%로 급격히 하락한 것으로 나타났다. 조사에 의하면 TV의 영향력도 꾸준히 하락하는 상황이다. TV를 보는 시간이 급격히 감소하고, 동시에 TV광고 노출의 63%는 시청자에게 외면받고 있다.

종이 신문에 대한 가구 구독률도 마찬가지이다. 이미 일부 광고대행사에서는 광고 매체비 산정을 위한 신문 열독 조사를 하지 않는다. 한국언론진흥재단이 2010년에 조사한 '언론 수용자 의식조사' 자료에 따르면 1996년 69.3%에 이르던 가구 구독률은 2010년에 이르러 29%까지 하락했다. 2010년 한국광고주협회에서 실시한 조사에서도 종이 신문에 대한 주간 열독률은 2001년 69%에서 2010년 46.4%로 하락한 것으로 나타났다.

이렇듯 과거 미디어 중심의 시장은 구독자와 시청자 중심의 오디언스Audience 시장이 되고 있다. 전통 매체는 인터넷의 발달로 어젠다를 선점할 기회조차 상실하고 있으며, 내부적인 문제로 기술적 혁신 속도를 쫓아가는 데도 어려움을 느끼고 있다.

이미 2030 세대는 TV나 종이 신문을 보지 않는다고 이야기한다. TV 방송국에서는 이미 시청률이 아닌 프로그램의 화제성을 중요한 성과 지표로 설정하고 있다. 케이블 방송사의 시청률이 높지 않은 드라마가 시장에 화제를 일으키는 것은 시청자가 더 이상 전통 TV 매체에만 의존하여 콘텐츠를 소비하는 것이 아님을 보여준다. 그래서 이들 미디어는 PPL이나 OST 수입, 해외 판권 수출과 같은 다른 수입처를 발굴하는 등 새로운 생존 전략을 세우는 데 노력을 기울이고 있다. 전통 매체가 광고 수입에 크게 의존하던 데에서 벗어나 새로운 개념의 수익 모델을 모색하는 셈이다.

"이노베이션을 격려하라. 변화는 우리의 생명력이요, 정체는 우리의 죽음이다."

– 데이비드 오길비David Ogilvy

스트리밍 기술이 발달하면서 '구독'의 개념이 디지털 시대의 수익 모델로 변하고 있다. 대표적인 동영상 구독 서비스 기업인 넷플릭스는 자체 오리지널 콘텐츠를 제작하여 세계 시장에 배포함으로써 구독자를 급격하게 늘리고 있다. 아마존도 자체의 막강한 클라우드 서비스를 기반으로 오리지널 콘텐츠를 제작하여 동영상 구독 서비스를 늘리고 있다. 중국의 동영상 구독 서비스인 아이치이는 2017년 현재 구독자를 약 1800만 명 이상 보유하는 것으로 추정된다.

새로운 구독 서비스 강자의 등장으로 전통 매체는 콘텐츠 우위라는 강점조차 점차 잃어가는 상황이다. 미국의 전통 TV 매체인 CBS는 넷플릭스에 대응하고자 'CBS 올 액세스All Access'라는 VOD 서비스를 시작했으며, HBO도 'HBO 나우NOW'라는 온라인 전용 콘텐츠 제공 서비스를 시작했다. 기존에 동영상 서비스를 무료로 제공하던 유튜브는 '유튜브 레드Red'라는 구독형 서비스를 확장하며 기존 OTTOver The Top 사업자를 빠르게 쫓아가고 있다. 전통 매체가 변화하려고 노력하고 있지만, 이미 기술과 소비자 주도로 미디어 환경이 급격하게 변화하고 있다.

전통 매체가 이러한 위기 상황에 놓인 데에는 스스로 시청자·구독자의 신뢰를 잃어버리는 실책을 범한 점도 있지만 가장 중요한 요인은 인터넷으로 대변되는 정보통신 기술의 급격한 발달이다. 2000년대 초 미국 소비자의 46%만 인터넷을 사용했지만, 지금은 거의 대부분의 미국 소비자가 인터넷을 사용한다. 우리나라는 어떠한가? 2000년 인터넷 사용 인구가 1500만 명이었지만, 2014년 현재 인터넷 이용 인구는 3700만 명 이상으로 추정되었다. 전 세계 기준으로는 2017년 7월 현재 인터넷 사용 인구가 35억 명이다.

스마트폰 보급은 더 빠르게 진행되고 있다. 세계 통계조사 사이트 월드미터스www. worldometers.info에 따르면 2017년 내에 세계에서 24억 명 이상이 스마트폰을 사용할 것으로 예상되었다. 우리나라의 경우 스마트폰 사용자는 2007년 인구의 0.7%, 2010년에는 14%였으나, 2017년 현재 인구의 71.5%인 3626만 명에 이른다. 스마트폰이 더 저렴해지고 스마트폰 수요가 증가함에 따라 스마트폰 보급률은 더 높아질 것으로 예상된다.

2015년 NPRNetizen Profile Research 리포트에 의하면 이미 스마트폰과 인터넷 이용 시간은 하루 평균 TV 시청 시간을 넘어 321분에 이른다. 우리나라 정보통신정책연구원에 따르면 모바일로 동영상을 시청하는 비율이 2012년 15.2%에서 2016년 49.1%로 상승했다고 한다. 2016년 6월 모바일 시장조사업체 와이즈앱은 「안드로이드 스마트폰 사용 조사」 보고서에서 연령별 스마트폰 사용 시간이 10대의 경우 3시간 18분, 20대의 경우 4시간 9분, 30대는 3시간 21분으로 30대 이하 인구의 평균 사용 시간이 모두 3시간을 넘겼다고 밝혔다. 정보 검색을 목적으로 모바일을 사용하는 비율이 PC 사용 비율을 넘었으며, SNS 주 채널 소통을 위한 모바일 사용률이 PC를 월등하게 앞서고 있다. 전반적으로 전체 소비자의 모바일 접속률이 PC 접속률을 앞서는데, 이런 경향은 젊은 세대일수록 더욱 두드러진다.

"늘 하던 대로만 하면, 늘 얻던 것만 얻는다."

―존 맥스웰John C. Maxwell

스마트폰과 같은 새로운 플랫폼의 확산은 콘텐츠 제작자들에게 새로운 기회를 주고 있다. 기존에 지상파 사업자에게 주도권을 빼앗긴 콘텐츠 제공업자들이 인터넷 기반의 새로운 네트워크 서비스로 빠르게 이동하면서 새로운 수익원을 창출하는 것이다.

매체가 변하고 있다. 기존 전통 매체는 살아남으려고 변화를 꾀하고, 콘텐츠 사업자와 새로운 매체 소유자들은 전통 매체의 추격을 따돌리기 위해 더 혁신적이고 소비자 지향적인 매체로 변화하고 있다. 변화하지 않는 기존 사업자들은 빠르게 도태되고 있다. 변화할 것인가, 도태될 것인가? 커뮤니케이션을 수행하는 우리 마케터에게도 똑같이 주어진 과제이자, 같이 해결해야 할 과제이다.

OPTION

05

그런데 왜 하는 일은 변하지 않는가

전통 매체를 기반으로 활동하는 마케터의 고민은 어떻게 하면 브랜드를 소비자에게 쉽게 전달하느냐 하는 것이었다. 어떻게 광고 메시지를 뽑아서 소비자에게 어떤 브랜드로 각인하느냐가 중요한 고민이었다. 어떤 매체를 쓰느냐는 고민하지 않았다. 광고비 규모에 따라 TV, 신문, 잡지 매체를 선별하여 광고를 집행하는 것이 미디어 전략의 전부였던 시대가 불과 10여 년 전이다. 따라서 마케터들은 어떻게 하면 광고 카피를 기발하게 만들어 TV광고를 집행하느냐에 집중할 수밖에 없었다.

광고를 집행하는 모든 광고주는 대형 광고대행사의 매체 집행력을 믿었으며, 전통 매체와 공고한 네트워크를 확보한 광고대행사는 광고

주의 절대적 신뢰를 바탕으로 제작한 광고를 지상파방송과 인쇄매체에 열심히 쏟아 내기만 하면 되었다.

대형 광고대행사가 광고주에게서 지급받는 매체비 수수료율은 통상 17.65%이다. 광고비를 100억 원 집행하면 17억 원 이상의 수수료가 순수익으로 확보되는 구조였다. 신문광고 한 페이지짜리 이미지를 제작하면 광고 집행 수에 따라 수익이 보장되는 구조였고, 30초짜리 영상 하나만 잘 제작하면 큰 수익을 벌어들일 수 있는 구조였다. 따라서 광고대행사 마케터의 핵심 역량은 소비자의 시선을 끄는 기발한 광고를 만들어 전통 매체에 되도록 오랜 기간 노출하는 것일 수밖에 없었다.

광고를 제작하는 절차도 무척 간단했다. 광고주가 광고 제작 브리프를 작성하여 광고대행사에 넘기면, 광고대행사는 브리프를 기반으로 영상과 인쇄광고 제작 시안을 구성하여 제안하고, 마지막으로 가장 많은 사람이 보는 채널과 신문에 집행하는 것이 광고업의 주요 구조였다.

이 단순한 구조가 인터넷 시대를 넘어, 모바일 시대로 오면서 어려워지고 복잡해졌다. 크리에이티브가 카피라이팅을 넘어 총합적인 크리에이티브로 변화되었고, 인문학적 소양이 절대적으로 필요했던 크리에이티브에서 과학적 접근을 필요로 하는 디지털 기술 기반의 크리에이티브가 필요한 시대가 되었다. 단순히 시청률이나 구독률에 의존하던 매체 효과 측정이 시청자 수, 소비자 관여 수, 디지털 선호 지표 등으로 좀 더 세밀하고 정확해지면서 좀 더 효율적으로 매체에 접근할 수 있게 되었다.

변화의 시대를 거치고 있지만, 변화를 감지하지 못하는 마케터가 여전히 존재한다. 아직도 TV광고와 인쇄광고를 중심으로 사고하고, 물량 공세를 통한 매체 전략이 여전히 유효하다고 믿는 마케터가 존재한다.

이제 마케터라면 누구나 디지털 마케터가 되어야 한다. TV광고 크리에이티브에만 의존하던 시대는 이미 끝났다. 디지털 기반으로 어떤 메시지를 뽑고, 어떤 디지털 크리에이티브를 전개하며, 어떤 디지털 매체 활동을 수행해야 자신이 전개하는 캠페인에 도움이 되는지 총체적 고민을 할 수 있는 마케터만이 시장에서 인정받는 시대가 되었다.

"스스로 소비자의 입장이 될 수 없다면, 당신은 광고업계를 떠나야 할 사람입니다."

–레오 버넷Leo Burnett

디지털 세계의 메커니즘을 이해하지 못하는 마케터는 이제는 소비자를 설득해야 하는 숙명을 받아들이기 힘들 것이다. 그러나 디지털 시대는 브랜드가 소비자와 직접 소통이 가능하며, 거대 매체를 통해서만 소비자를 만나 브랜드가 때로는 과장하고 때로는 자신을 숨겼던 과거와 달리 소비자에게 진정성을 보이는 것이 요구되는 시대이다. 마케터는 더 똑똑해진 소비자를 대상으로 브랜드의 차별화된 가치를 전달하고 궁극적으로는 소비자의 마음을 움직이기 위해 노력해야 한다.

그렇다면 디지털 시대에 마케터의 가장 기본적인 소임은 무엇일까? 디지털 시대 마케터의 역할은 '4I'로 요약할 수 있다.

첫째, 마케터는 혁신가Innovator가 되어야 한다. 단순히 4P Product,

Promotion, Place, Price와 STPSegmentation, Targeting, Positioning 전략에 머물러서는 안 된다. 새로운 비즈니스를 설계하고, 새로운 환경에 적절한 커뮤니케이션 대안을 제시할 줄 아는 혁신가로서의 마케터가 되어야 한다. 기업 안에서 혁신을 추진하는 것은 굉장히 두렵고 어려운 일이다. 하지만 마케터라면, 그것도 디지털 시대의 마케터라면 변화를 일으키는 혁신에 가장 앞장서야 한다. 그것이 마케터에게 주어진 사명이다.

둘째, 실행가Implementer가 되어야 한다. 여러 영역의 전문가들을 모아 설득하여 하나의 커뮤니케이션 프로젝트를 실행하기 위해 팀을 세팅하고 움직이는 실행가가 되어야 한다. 이제 스타급 마케터 한 사람이 캠페인을 성공적으로 실행하는 시대는 저물고 있다.

셋째, 통합적 수행자Integrator가 되어야 한다. 여러 부문에 걸쳐 있는 다양한 이해관계를 조율하며 본질적인 커뮤니케이션 방향성에 맞게 이끌 수 있어야 한다. 소비자를 분석한 인사이트를 기반으로 하여 좀 더 의미 있는 방향으로 커뮤니케이션을 이끌어가는 역할을 마케터가 수행해야 한다.

넷째, 선동가Instigator가 되어야 한다. 기업 내에서 변화가 필요한 부분들을 적극적으로 찾아서, 변화를 이끌어 내는 선동가가 되어야 한다. 선동가로서 현상에 대해 집요하게 질문하고 정답을 찾는 과정을 반복해야 하며 무엇보다 정답은 시장과 소비자에 있다는 것을 명심해야 한다.

디지털 시대의 마케터는 그저 미래를 예견하는 점쟁이가 되어서는 곤란하다. 사회 전반에 대한 깊은 관심과 관찰을 통해 시대의 요구를 간파할 줄 알아야 하고, 디지털에 기반을 둔 과학적 접근을 수행하는 프로젝트 설계자여야 한다. 물론 감과 촉도 중요하다. 하지만 감과 촉조차도 시대를 읽는 눈이 없으면 제구실을 할 수 없다.

마케팅은 사람을 이해하는 것에서 시작되었다. 그리고 그 마케팅이 4차 산업혁명 시대에 디지털을 만나 새로운 혁신의 세상으로 진입하고 있다. 소비자가 언제 어디서든 원하는 순간에 브랜드를 만나 최적의 경험을 할 수 있는 시대, 인공지능이 분석한 빅데이터를 기반으로 하여 얻은 통찰로 창의적인 고객 커뮤니케이션을 수행하는 마케팅 시대가 바로 지금이다.

변화에만 적응하면 된다고 주장하는 것이 아니다. 변화에 대한 적응은 필수이며, 세상에 퍼져 있는 모든 지식을 두루 알아야 새로운 마케터로서의 길을 갈 수 있다. 직관력이 필요하고, 시장의 변화를 감지하는 본능적인 촉각이 있어야 한다. 순간의 변화를 읽어 내는 능력이 오늘날 마케터에게 요구되는 덕목 중 하나이다. 변화에 저항하려 하지 말자. 기존 관습에 묶이지 않는 것이 마케터의 기본 소양이 아니던가.

"20년 후 당신은, 한 일보다 하지 않은 일로 인해 더 실망할 것이다. 그러므로 돛줄을 던져라. 안전한 항구를 떠나 항해하라. 당신의 돛에 무역풍을 가득 담아라. 탐험하라. 꿈꾸라. 발견하라."

– 마크 트웨인Mark Twain

디지털 마케터는 다양한 분야에 대한 깊은 관심과 행동을 통해 소위 촉과 감을 길러야 하는 운명을 걸머진 존재이다. 필자가 생각하는 디지털 마케터는 디지털기기의 얼리 어답터Early Adopter이자 트렌드에 민감한 패션 감각을 지니며, 그 시대에 화제성이 높은 모든 TV 프로그램을 섭렵하는 사람이다.

이제는 광고대행사가 17.65% 수수료의 달콤함을 스스로 버려야 할 때가 왔다. 자사 제품과 서비스를 멋지게 포장해주는 광고대행사의 폼 나는 광고 카피만 바라는 마케터는 남아 있지 않다. 이미 광고대행사 마케터의 역할과 브랜드의 마케터의 역할은 그 구분조차 흐릿해지고 있다. 진정 소비자를 이해하고 다가가려는 마케터가 드디어 빛을 발할 시대가 되었다.

기존에 우리 마케터는 세그먼테이션, 타기팅, 포지셔닝과 같이 예측에 기반을 둔 전략으로 마케팅 커뮤니케이션을 전개해왔다. 이제는 소비자와의 접점이 어디인가, 어떤 맥락에서 소비자가 움직이는가를 살펴보고 그것에 집중해야 할 때이다.

왜 마케터는 변하지 않는가? 왜 광고대행사는 변하지 않는가? 왜 브랜드의 광고주들은 변하지 않는가? 과거 방식과 과거 수익을 고수하기에는 이미 많은 것이 변했다.

하이퍼루프Hyperloop라는 신개념 교통수단에 관한 아이디어를 실행하고 있는 일론 머스크Elon Musk는 무슨 일을 추진함에 있어서 첫 번째 단계는 무언가를 가능하게 만드는 것이고 그 후에야 가능성이라는 것이 비로소 생긴다고 말했다. 마케터가 변해야 한다는 것이 새로운 비즈니스의 가능성을 여는 첫 번째 열쇠라는 것에 의심의 여지가 없다.

OPTION

06

하던 대로 하면 실패한다

한 브랜드의 마케터로서 마케팅의 실질적 가치를 제대로 실현하고 있는가?

마케팅의 본질은 가치 전달이다. 우리가 나이키를 떠올릴 때 그저 나이키 운동화만 떠올리지는 않을 것이다. 저스트 두 잇Just Do It' 같은 광고 카피나 미국 NBA의 위대한 농구선수 마이클 조던이 같이 떠오른다. 나이키는 광고에서 그들이 판매하는 제품을 이야기하지 않는다. 나이키가 다른 경쟁사보다 무엇이 더 뛰어나다는 이야기를 하지 않는다. 나이키는 광고에서 마이클 조던의 위대함에 경의를 표하고 스포츠의 위대함을 이야기한다.

애플을 어떤 회사로 기억하는가? 애플은 마케팅의 천재 스티브 잡스Steve Jobs와 컴퓨터 천재 스티브 워즈니악Steve Wozniak이 설립한 컴퓨터를 파는 거대 IT 기업이다. 많은 사람이 애플의 광고 하면 1984년 1월 22일 슈퍼볼에서 선보인 매킨토시Macintosh 광고를 떠올린다. 조지 오웰의 동명 소설 『1984』를 바탕으로 만든 단 한 차례의 TV광고로 애플의 매킨토시는 사람들 마음속에 애플은 혁신적 기업이라는 이미지를 심었다.

미국의 저명한 전략 커뮤니케이션 전문가 사이먼 사이넥Simon Sinek은 저서 『나는 왜 이 일을 하는가』와 TED 강연에서 애플의 커뮤니케이션 방법을 골든 서클Golden Circle을 통해 설명했다. 그는 애플을 '무엇'을 이야기하는 일반 기업들과는 다르게 '왜'를 가장 먼저 이야기하는 기업으로 소개했다. 가장 바깥쪽부터 안쪽으로 이어지는 무엇-어떻게-왜라는 3개 원 안에서 '무엇'에서 커뮤니케이션을 시작하는 기업과 '왜'부터 시작하는 기업의 차이를 설명했다. 애플은 '왜'에 해당하는 신념을 먼저 밝히고, 어떤 방법으로 제품을 만들었는지 밝혔으며, 마지막으로 무엇을 만들었는지를 소개하는 순서를 통해 혁신에 대한 애플의 신념을 소비자에게 효과적으로 커뮤니케이션했기 때문에 앞서 언급한 매킨토시 광고와 같이 시대를 앞지르는 광고 제작이 가능했다.

과거의 마케터이든 현재의 마케터이든 본질적 가치 전달의 측면에서 어떤 접근 방법을 취하는가 하는 차이 외에는 실상 마케터의 역할을 다르게 해석할 필요는 없다. 애플이나 나이키에서 '왜'라는 측면을 중심으로 고객을 설득하여 효과적인 커뮤니케이션을 수행한 것처럼,

지금의 마케팅 커뮤니케이션도 '왜'라는 측면에서 시작하는 것이 본질적으로는 정확한 가치를 전달하는 방법이다. 하지만 어떤 방법으로 마케팅 커뮤니케이션을 수행하느냐의 차이가 과거와 현재의 마케터 역할을 다르게 해석할 수 있게 한다.

흔히 광고 회사의 마케팅 커뮤니케이터라고 하면 투명 유리 너머로 훤히 들여다보이는 회의실에 이런저런 이미지와 카피를 적은 A4용지를 덕지덕지 붙여놓고 프레젠테이션을 하는 세련된 창작사의 이미지를 떠올린다. 마케터의 역할은 산업별로 업종별로 다를 수 있다. 본질적인 마케팅 커뮤니케이터는 브랜드 커뮤니케이션의 전체 전략을 기획할 뿐 아니라 세부 프로그램을 계획하고, 해당 프로그램이 잘 실행되도록 주도하거나 지원하며, 마케팅 커뮤니케이션의 결과를 측정하고 평가하는 역할을 수행해야 한다.

"늦기 전에 변화하라."

– 잭 웰치Jack Welch

네슬레는 슈레디스Shreddies라는 시리얼을 영국과 캐나다에서 판매한 적이 있다. 이 제품의 광고 이미지에서 시리얼은 사각형의 벌집 모양이었는데, 오랜 기간 판매되면서 인기가 점차 떨어졌다. 2008년 해당 제품을 리뉴얼하여 출시해야 하는 미션을 부여받은 마케터와 광고 전문가는 기존 제품에 아무런 변화를 주지 않은 채 벌집 모양 시리얼의 이미지를 마름모꼴로 촬영하여 다이아몬드 슈레디스라는 제품으로 리마케팅을 진행했는데, 결과적으로 성공적인 판매 증대를 이끌어 냈다. 발상의 전환만으로 매출 증대에 기여한 것이다.

과거에는 이렇게 단순한 발상의 전환이 소비자의 구매를 이끌어 낼 수 있었지만, 지금의 소비자를 설득하기에는 충분조건이 아니다. 소비자는 점점 똑똑해지고, 기발함만으로 이 치열한 시장에서 성공을 끌어내는 것은 이제 불가능한 이야기에 가깝다.

네덜란드의 유니레버와 미국의 P&G와 같이 비누, 화장품, 기저귀 등 소비재를 판매하는 기업에서 핵심 부서는 마케팅 부서이다. 각 제품의 브랜드 담당이 한 제품군의 기획부터 매출 목표까지 책임지는 역할을 수행하기 때문에 다른 부서보다 훨씬 크고 중요한 권한을 부여받아 프로젝트를 수행하게 된다.

P&G의 브랜드 매니지먼트 본부는 각 소비재의 브랜드 매니저가 해당 브랜드의 비전을 세우고, 목표를 설정하며, 미션을 수행하도록 전략 수립과 실행을 전체적으로 이끌어간다. 마치 작은 회사의 경영자처럼 전체 사업을 지휘하고, 의사결정을 내리는 것이다. 경영자처럼 결과에 대한 책임도 함께 지는 구조이다. 앤드투앤드End-to-end의 원칙이기 때문에 마케터에게 제품 개발에서 작은 프로모션까지 모두 관여하는 역할이 주어지는 것이다.

변화하는 이 시대의 마케터는 아마도 유니레버와 P&G 같은 소비재 회사의 브랜드 마케터와 비슷한 역할을 부여받는 과정에 있는 것으로 보인다. 제품 기획부터 광고, 성과 분석까지 모든 프로세스가 하나의 프로그램을 설계하고 실행하는 과정으로 구성될 것이다. 마케터는 광고를 하고 프로모션 행사를 하는 작은 역할의 마케터로 남아서는 안 된다. 그동안 대기업에서는 마케터의 역할이 너무 세분화되고, 서로 분리되어 있었다. 심지어 마케팅 수행을 기능적인 역할 중 하나로 바라보는 경향이 있다. 단순하게 광고를 만드는 일, 홈페이지 하나를 구축하는 일이 마케터의 역할은 아닐 것이다. 마케터는 전체 사업을 통합적 관점에서 관찰할 수 있어야 하며, 제품에 대한 수준 높은 지식은 물론 소비자에 대한 강한 통찰력을 갖추어야 한다. 가까운 미래에는 디지털 마케터가 이 모든 역할을 수행하게 될 것이며, 디지털을 기반으로 하는 마케팅 활동이 비로소 마케팅의 핵심이 될 것임을 부인할 수 없다.

"변화를 일으키면 지도자가 되고, 변화를 받아들이면 생존자가 되지만, 변화를 거부하면 죽음을 맞이하게 될 뿐이다."

– 레이 노다Ray Norda

강조하건대, 마케팅의 본질은 가치 전달이다. 이제 과장이나 경쟁사와의 비교를 수단으로 삼아 마케팅을 하는 시대는 끝났다. 기존의 억지스러운 마케팅은 더 이상 통하지 않는다. 과거의 마케터에게는 억지뿐 아니라 때때로 거짓말도 필요했다. 최고의 상품은 아니지만, 기업에서 제공할 수 있는 최선의 상품을 최고의 상품으로 예쁘게 포장하여 전달하는 일을 해야 했고, 할 수밖에 없었다. 이제 기업은 브랜드와 제품과 관련해 무조건 솔직해야 하는 시대가 왔다. 새로운 시대의 마케터에게 필요한 것은 진정성과 통합적 사고를 바탕으로 하는 커뮤니케이션 기술이다. 소비자에 대한 철저한 이해와 진솔한 소통만이 기업과 마케터가 살아남을 수 있는 방법이다. 앞으로 마케터는 인공지능과의 대결에서 이겨야 하는 상황에 놓일지도 모른다. 마케팅의 본질을 잊지 않고, 새로운 시대의 변화에 순응하며 빠르게 적응하는 것이 마케터 앞에 놓인 운명이다.

어떻게 보면 지금은 상상하던 모든 것이 가능한 시대이다. 아마 20년 뒤에 돌아보면 2018년은 새로움이 꿈틀대는 최적의 변곡점이며 커다란 변화가 시작된 시기로 기억될 것이다.

OPTION

07

변화의 물살에 올라타라

인터넷이 세상에 등장한 지 20여 년이 지나고, 스마트폰으로 시작된 본격적인 모바일 커뮤니케이션 혁명이 시작된 지 10년이 지난 지금, 전통적인 비즈니스 환경에서 쓰던 마케팅 전략과 마케팅 커뮤니케이션은 더는 유용하지 않거나, 그 효과성이 저하되었다.

디지털 커뮤니케이션이 발달하면서, 이에 맞추어 글로벌 광고대행사와 유명 글로벌 브랜드에서 의미 있는 변화의 움직임을 보이고 있다.

그야말로 전통적인 브랜드에 가까운 세계 최대의 제조업체 GE는 이제 제조업체가 아닌 소프트웨어 기업을 표방하고, 세계 최대의 광고대행사 중 하나인 옴니콤은 경기에 민감한 광고 업무 비중을 차츰 줄이고 있다. 광고 에이전시라고 이야기하기보다는 기업 컨설팅, 브랜드 가치 평가, 마케팅 전략 수립 등 마케팅 전략 수립 회사로 변모하고 있다.

옴니콤의 존 렌John Ren 회장은 총매출액 중 광고 부문의 비중을 43% 수준으로 줄였으며, 타 부문의 비중을 빠르게 늘리고 있다. 퍼블리시스 그룹의 회장 아르튀르 사둔Arthur Sadoun은 칸 국제광고제 불참을 선언하면서, 인공지능에 기반을 둔 광고 마케팅 플랫폼을 제공하는 기업으로 변화할 계획을 발표하기도 했다.

GE의 변화는 사실 충격에 가깝다. GE는 소프트웨어 기업으로의 변신을 선언한 뒤, 과감하고 빠르게 변화를 추진하며 제조업체에서 제조서비스업체로의 전환을 성공적으로 진행하고 있다. 기존의 주력사업까지 과감하게 포기하고 미래 먹거리에 대한 선택과 집중을 집요하게 추진하고 있다. GE의 공장은 빅데이터와 사물인터넷 등 디지털 기술을 접목한 스마트 공장으로 변화하고 있으며, GE캐피털의 금융 부문도 지속적으로 축소하는 대신 산업 인터넷 분야에 투자를 꾸준하게 늘리고 있다. 2015년 현재 50억 달러 규모인 산업 인터넷 분야의 매출 규모는 2020년까지 150억 달러로 늘어날 것으로 전망된다.

글로벌 기업들의 변화하려는 노력을 우리나라 기업들에서 발견하기는 쉽지 않다. 사실 우리나라 조선업과 중공업은 갈수록 중국의 조선업체와 중공업업체에게 일거리를 빼앗기고 있다. 변화를 주저한 나머지 위기에 내몰리는 상황을 우리나라의 많은 기업에서 겪고 있다. GE의 혁신과 같은 시도는 종종 일자리를 줄이는 구조조정으로 이해되는 경우가 많다. 그래서 GE와 같이 혁신하기보다는 거대한 변화가 다가온다는 두려움에만 휩싸여 아무것도 하지 못한다. 변화해야 함을 알면서도 실행하지 못한다. 그동안 겪은 어떠한 변화보다 넓고 깊은 변화의 소용돌이 앞에서 어떻게 할지 망설이는 것이다.

"이노베이션은 리더Leader와 팔로어Follower를 구별하는 말이다."

– 스티브 잡스

광고대행사의 수익 구조는 달라져야 한다. 거대 종합 광고대행사는 기존 수익 구조의 다디단 유혹을 벗어나기가 두렵다. 새로운 마케팅 커뮤니케이션 방식을 수용하려니 기존의 수익 구조를 버려야 할지도 모른다는 두려움이 앞선다. 기존의 수수료 구조에서 벗어나 프로젝트에 투입되는 인력에 대한 인건비를 지급받는 형식으로 매출을 올리면, 광고대행사의 수익 구조는 분명 기존보다 취약해질 것이다. 인건비 형태의 수입으로 그동안 얻은 이익을 유지하기 위해서는 더 많이 노력해야 할지도 모른다는 두려움과 위기감이 생길 수밖에 없다. 하지만 이는 오히려 정상적인 모습이다. 그동안의 고수익 구조에서 일한 만큼 벌어가는 정상적인 구조로 모습을 갖추어가는 것이다.

메이커 입장에서는 전통 마케팅의 단순한 구조에서 일하던 방식이 변하는 데 대한 두려움이 존재한다. 단순히 일의 프로세스 자체가 변한다는 것도 두려운 일이다. 또, 알아야 할 내용이 많아지고, 직접 관여해야 하는 항목들이 복잡해짐에 따라 광고주가 직접 진행하거나 실무 선에서 의사결정을 해야 할 것이 급격히 증가하게 된다. 차라리 돈을 더 주더라도 광고대행사에서 처리해주었으면 하는 일들이 이제 광고주가 스스로 해결해야 하는 과제가 되는 상황이다.

과거 광고대행사의 광고 전문가들과 광고주들은 단 하나의 TV광고 영상으로도 세상을 들썩이게 하는 뿌듯함을 느끼곤 했다. 광고 카피 하나가 사회의 트렌드가 되고, 때로는 유행어가 되어 사람들 마음에 강하게 각인되고 지금도 회자되는 신비스러운 경험을 했다.

우리 모두가 기억하는 나이키의 '저스트 두 잇', 코카콜라의 '오픈 해피니스Open Happiness'와 같은 광고 카피가 브랜드의 정체성이 소비자 마음에 또렷이 각인될 뿐 아니라 구매로 연결되도록 강력하게 작용했다는 것은 부인할 수 없는 사실이다.

하지만 최근 TV광고의 카피가 유행어가 되는 경우는 현저하게 줄어들었다. 단순히 TV 시청률이 낮아져서 광고 카피가 유행어가 되지 않는 것은 아닐 것이다. 디지털 미디어의 영향이 커지면서 TV광고의 메시지가 더 이상 효력이 없는 것일까? 대중매체로는 더 이상 소비자를 설득할 수 없는 것은 아닐까?

현재 많은 분야에서 산업구조 변화는 이미 시작되었고, 어떠한 힘으로도 되돌릴 수 없는 상황에 이르렀다. 마치 자연환경에 적응해야 하는 것처럼 이러한 변화에 적응해야 하는 것이 기업과 마케터들의 의무가 되었다.

언제까지 전통적 환경의 마케터로 살아갈 것인가? 이미 그런 마케터의 자리는 사라지고 있고, 다시는 회복되지 않을 것이다.

"진보는 변화 없이는 불가능하고, 자신의 마음을 변화시킬 수 없는 사람은 아무것도 변화시킬 수 없다."

–조지 버나드 쇼George Bernard Shaw

이미 광고 회사의 미디어 플래너 직종의 역할은 TV, 라디오, 잡지, 신문 등 4대 매체의 미디어믹스를 구성하는 것이 아니라, 디지털 미디어 플래너로 변화했다.

광고 제안서를 평가하고 대행사와의 협상을 담당하던 메이커 마케터는 이제 직접 마케팅 커뮤니케이션 전략 전체를 구성하고 세부 실행 계획까지 수립하는 진정한 의미의 마케터로 변화하고 있다.

작고 빠르게 움직여야 한다. 기업도 기업의 마케팅 커뮤니케이션도 이제 작고 빠르게 움직여야 한다. 과거와 달리 TV광고의 파급력과 영향력이 크지 않은 시대이기 때문에 큰 펀치 한 방으로 시장을 움직일 수 있는 크리에이티브가 나타나기 쉽지 않다. 오히려 작은 잽을 자주 빠르게 날려야 하고 작은 잽으로 판정승을 이끌어 내는 것이 현재의 마케팅 커뮤니케이션 실행 능력이 되었다. 작고 빠르게 움직이는 아웃복서가 큰 한 방을 노리는 인파이터보다 필요한 시대인 것이다.

과거 손쉽게 높은 수익을 올리던 시절로 되돌아가기에는 이미 세상이 너무 많이 변했다. 좀 더 열심히 빠르게 움직이는 회사에 더 많은 기회가 찾아오는 평등한 시대가 되었다. 이제 기업들은 작은 비용으로도 아날로그 시대보다 더 많이, 더 자주 소비자와 커뮤니케이션을 할 수 있게 되었다.

소비자들은 언제, 어디에서든 기업에 다양한 정보를 요구한다. 이렇게 수시로 생기는 소비자의 니즈에 대응하려는 노력을 두려움 없이 한다면 승률 높은 아웃복서가 되는 것은 그리 어려운 일이 아니다. 마케터나 브랜드 입장이 아닌 소비자 입장에서 생각하는 것, 강력한 하나의 메시지를 전달하는 데 치중하기보다 소비자가 말하는 이야기와 듣고 싶어 하는 이야기를 만들어 내는 것. 이것이 디지털 시대를 사는 마케터의 소명이다.

다시 기본으로 돌아가자. 디지털 마케팅은 전통적 마케팅과 그 목적에서는 차이가 없다. 다만 전통적 마케팅에서 하지 못하던 것을 할 수 있게 되면서 그 방법과 순서가 달라진 것에 불과하다. 소비자를 잊고 마케팅 커뮤니케이션을 수행한다면 그것은 마케터 본인의 화려한 몸짓을 드러내려는 과시행동일 뿐이다. 최악의 마케팅은 돈만 쓰고 아무것도 건지지 못하는 마케팅일 것이다. 아웃복서에게는 강한 체력이 필요하다. 12회 라운드가 진행되는 동안 최소한의 타격을 받으면서 상대를 지치게 하고 쓰러지게 하는 꾸준한 지구력이 필요하다.

디지털 시대에 디지털 마케터로 변신하는 것을 두려워하지 말자. 이미 우리는 링 위에 오른 복서이며, 치열한 사투에서 승리해야 하는 파이터이기 때문이다.

2장 / 마케팅이 사라졌다

"마케팅은 중요하다. 하지만 마케팅이 형편없는 제품을 시장에서 성공하도록 만들 수는 없다."

– 스티브 잡스

"궁극적으로 브랜드의 영향력은 브랜드 광고가 아니라 브랜드의 우수함을 토대로 한다. 처음에는 홍보와 광고로 브랜드를 구축하지만, 결국 브랜드는 브랜드의 우수함으로 유지된다."

– 필립 코틀러

OPTION

01

디지털 마케팅의 정의

마이크로소프트의 윈도우는 소프트웨어 플랫폼 안에서 새로운 서비스가 작동할 수 있게 함으로써 점유율을 급속도로 넓혀왔다. 애플의 앱스토어나 구글의 구글 플레이는 플랫폼 사업자가 어떻게 시장을 지배할 수 있는지를 명확하게 보여준 사례이다. 플랫폼은 자발적으로 자생하는 구조를 만들어 냈고, 모든 사람이 혜택을 누리는 보편적 가치를 만들어 냈다. 이제 이러한 플랫폼이 발전하여 플랫폼 안에서 플랫폼을 낳아 가치의 확산을 이루고 있다. 앱스토어에 등록된 우버Uber나 에어비앤비Airbnb가 플랫폼 안에서 또 다른 생태계를 만들어 낸 대표적 사례이다.

많은 마케팅 전문가가 디지털 마케팅이라는 용어는 1990년대 중반

인터넷 보급이 활성화되면서 시작되었다고 말한다. 또 다른 전문가들은 1980년대 중반 소프트애드SoftAD라는 회사에서 자동차 회사의 여러 콘텐츠를 담아 플로피디스크로 잡지 구독자에게 발송한 것이 그 시작이라고 이야기한다.

광고 커뮤니케이션을 하는 PR 기업과 광고대행사는 일반적으로 디지털 매체 측면의 디지털 마케팅을 강조한다. 즉 검색 포털의 등장, 유튜브의 등장, 최근 페이스북, 인스타그램과 같은 SNS 채널의 등장에 맞추어 미디어적 관점에서 디지털 마케팅을 바라보는 관점이다.

오라클, 어도비와 같은 IT 기반의 기업들은 데이터 기반의 디지털 마케팅을 강조한다. 빅데이터 기술 역량이 확보될수록 IT 기반의 기업들이 주장하는 디지털 마케팅이 점차 힘을 얻는 추세이다.

컨설팅업계에서 이야기하는 디지털 마케팅은 조금 다르다. 디지털 기술 기반의 디지털 마케팅을 디지털 마케팅의 본질로 보는 것 같다. 즉 가상현실 기술이나 인공지능 기술의 등장과 소비자 커뮤니케이션을 융합한 새로운 개념의 마케팅을 디지털 마케팅의 기본 개념으로 이해하고 미래 기술이 마케팅에 중요한 자원이 될 것으로 예측한다.

IT 전문 리포팅 기관인 테코피디아Techopedia에서는 "디지털 마케팅은 인터넷 마케팅으로 알려졌으나 본질적으로는 다르다. 디지털 마케팅은 좀 더 타깃화되고, 측정 가능하며, 상호작용적인 것으로 간주된다"라고 설명한다.

영국의 『파이낸셜 타임스』는 2015년 리포트를 통해 디지털 마케팅을 "소비자들에게 도달하기 위해 디지털 채널을 사용하는, 제품과 서비스의 마케팅. 디지털 마케팅의 핵심 목적은 다양한 형태의 디지털 미디어를 통해 브랜드를 홍보하는 것이다. 디지털 마케팅은 인터넷 마케팅을 넘어 인터넷이 필요하지 않은 채널로까지 확장된다. SNS와 MMS를 포함한 휴대전화, 소셜미디어 마케팅, 디스플레이 광고, 검색엔진 마케팅, 그리고 디지털 미디어 형태의 어떤 것도 디지털 마케팅에 포함된다"고 설명했다(블로그 'KEYground' 참고).

네이버 지식백과(매경닷컴 제공)에 수록된 내용에 의하면, 디지털 마케팅이란 "기존 마케팅 활동에서 장애 요인으로 작용했던 시간·공간의 장벽이 허물어지고 기업과 고객이 상호 연결되어 가치를 만들어가는 통합형 네트워크 마케팅을 말한다. 구체적으로 디지털 쿠폰·팩스·셀룰러 폰·인터넷·이메일 등 디지털 기술을 응용한 제품이 이용되는 모든 상업적 활동이 이에 속한다. 이에 비해 인터넷 마케팅은 인터넷을 기반으로 하는 상업적 활동을 가리키는 것으로 디지털 마케팅보다 협의 의미로 사용된다."

위키백과에서는 "디지털 마케팅이란 인터넷을 기반으로 하는 장치를 통해 온라인 광고로 소비자들에게 제품과 서비스를 알리고, 판매하는 것"이라고 정의하고 있다. "웹 브라우저, 스마트폰, (콘솔)게임 등이 대표적인 인터넷 기반 장치의 예"이며, "기술이 발달하고 많은 장치와 기기가 인터넷 검색 기능을 제공하면서, 디지털 마케팅의 잠재성이 점진적으로 실현되는 추세"라고 설명한다.

어떤 업계에서는 디지털 마케팅을 전자적인 미디어를 활용하여 제품을 팔거나, 브랜드를 알리는 일련의 활동으로 정의하기도 한다.

과거의 정의를 그대로 따른다면 전자기기가 관여된 모든 마케팅을 디지털 마케팅이라고 할 수도 있다. 즉, TV나 라디오 같은 매체를 활용한 마케팅에 디지털 마케팅이라는 용어를 쓰는 것도 그리 이상하지 않다. 때로 디지털 마케팅은 온라인 마케팅, 인터넷 마케팅, 모바일 마케팅을 통칭하는 용어로 쓰이기도 한다.

앞서 언급한 대로 오라클, 어도비와 같은 IT 기반의 기업에서는 디지털 마케팅을 데이터 기반의 과학적 기법으로 설명한다. 예를 들면 철저한 개인화를 기반으로 하는 마케팅 기법이다. 소비자는 디지털에 흔적을 남기고, 그 흔적을 쫓아가 그 소비자에게 개인화된 맞춤형 제안을 하는 것이 이들이 말하는 디지털 마케팅이다.

반대로, 광고 회사에서 말하는 디지털 마케팅은 전통적인 마케팅 방법에 근거한 정의에 가깝다. 소비자를 구분하고, 정교하게 타기팅을 하며, 포지셔닝하는 익숙한 방법으로 디지털 마케팅을 이해한다. 충분하고 정교한 노출이 광고 회사에서 말하는 디지털 마케팅의 기본이며, 때로는 대부분이라고 생각하는 경향이 크다.

"이제 광고도 온디맨드On demand 방식이 되어야 한다."

– 조슈아 스테인버그Joshua Steinberg

이런 무수한 정의와 관점이 존재하기 때문에 마케터뿐 아니라 일반인들이 디지털 마케팅이라는 용어를 접하면 혼란스럽게 느끼는 것이 지극히 당연하다. 현시대의 디지털 마케팅은 여러 의미로 이해되고 해석될 수밖에 없다.

최근에는 디지털 마케팅을 디지털 채널을 활용하여 소비자에게 제품이나 서비스를 제공하는 마케팅으로 정의한다. 인터넷이라는 네트워크를 쓰든 쓰지 않든 디지털 미디어의 다양한 형태로 브랜드를 프로모션하는 것을 디지털 마케팅이라고 정의하는 것이 현재의 디지털 마케팅에 가까운 개념일지도 모른다.

2018년 현재 그리고 이후의 디지털 마케팅를 정의할 문장이 필요한 시점이 되었다. 4차 산업혁명 시대 이후 모든 마케팅에는 디지털 기술이 필수적으로 포함될 수밖에 없다. 사실 대부분의 마케팅 커뮤니케이션 활동이 디지털을 기반으로 혹은 중심으로 이루어지는 현시대에 디지털과 논-디지털Non-Digital을 구분하는 것이 무의미할지도 모른다. 그럼에도 디지털 마케팅의 정의와 성격을 명확히 함로써 디지털 마케팅을 기존의 마케팅과 차별화하는 것이 반드시 필요하다.

OPTION

02

광고, 하면 죽는다

디지털 마케팅은 디지털과 마케팅의 조합어이다. 디지털은 손가락을 의미하는 디지트digit에서 따온 용어이며, 컴퓨터 내부에서 처리하는 모든 디지털 신호는 이진법을 활용하기 때문에 숫자 '0'과 '1'의 조합을 의미한다. 0과 1은 컴퓨터상에서 각 자리의 '비트bit'라고 불린다. 그렇다면 마케팅은 무슨 의미일까. 과거에 마케팅은 현재보다 좀 더 넓은 의미로 쓰였다. 과거에는 마케팅이 상품 기획, 시장조사, 홍보, 광고, 판매를 모두 포함하는 광의의 의미로 주로 사용되었는데, 최근에는 소비자의 잠재적 욕구를 불러일으키는 광고 커뮤니케이션을 의미하는 용어로 사용되는 경우가 많다.

세계에서 가장 큰 마케팅 협회인 미국 마케팅협회에서 1985년에 마케팅을 "개인이나 조직의 목표를 충족할 수 있는 교환을 발생하기 위해서 아이디어, 제품이나 서비스의 창조적 개발, 가격 결정, 촉진, 유통을 계획하고 실행하는 과정"이라고 정의한 데 이어, 2005년에는 "마케팅은 소비자, 고객, 파트너 그리고 사회에 가치를 제공하기 위해 창조하고, 의사소통하고, 전달하고 교환하는 활동, 제도 그리고 프로세스이다"라고 광범위한 의미로 재정의했다.

앞서 소개한 디지털 마케팅의 여러 정의에서 나타나는 공통점은 크게 세 가지이다. 첫째, 디지털 마케팅은 전통적인 마케팅과 다르게 정량적인 성과 측정이 가능하다. 투입되는 비용 대비 효과를 얼마나 거둘 수 있는지 구체적으로 확인할 수 있는 마케팅이다. 둘째, 정교한 타깃 마케팅이 가능하다. 인구통계학적 타깃 고객 구분뿐 아니라 관심사나 라이프스타일을 반영한 타깃 고객에 대한 마케팅까지 가능하다. 셋째, 상호작용에 기반을 두는 마케팅이다. 디지털 마케팅은 철저히 소비자를 기반으로 하는 마케팅이다. 이제 기업이 소비자와 직접 소통하고 광범위한 소비자의 의견을 기업 제품과 커뮤니케이션 활동에 반영하는 것이 가능하게 되었다.

디지털 마케팅이란 디지털 기술을 활용하여 소비자와 사회에 가치를 전달하는 커뮤니케이션 활동이라고 생각한다. 좀 더 단순하게 말하자면 디지털 수단tool을 활용하여, 고객들에게 제품이나 서비스의 가치를 전달하는 일련의 활동이라고 정의할 수 있다.

전통 마케팅은 TV·라디오·잡지·신문·옥외광고·디렉트메일 등 주로 일방향 형태의 커뮤니케이션 수단을 쓰지만 디지털 마케팅은 검색 엔진, 소셜미디어, 블로그, 동영상 사이트, 데이터, 인플루언서 등 그 통로가 매우 다양하고, 많은 채널과 많은 방법 그리고 많은 IT 기법이 조합되어 구현되는 커뮤니케이션 아트이다.

이제 IT 기술에 대한 기본적 이해는 디지털 시대의 마케팅에 필수적이다. 예를 들어 홈페이지는 고객 커뮤니케이션의 기본이 되는 온드 미디어Owned Media이고, 온드 미디어를 구현하는 것은 우리가 컴퓨터 프로그래밍이라고 부르는 일종의 코딩이다. 여기에 구현되는 것은 단순한 콘텐츠가 아니라 기술적이고 또한 과학적인 데이터를 바탕으로 철저하게 계산된 콘텐츠들이어야 한다. 이러한 기본적인 이해 아래에서 웹 마케팅을 수행해야만 디지털 시대의 마케팅을 수행할 수 있다.

디지털 시대의 마케팅에서는 많은 점을 고려해야 한다. 과거나 지금이나 마케팅 커뮤니케이션을 한다는 것은 광고 카피를 만들고, 채널을 선택하고, 성과를 분석하는 것이지만 디지털 마케팅을 한다는 것은 어떤 그릇에 어떤 음식을 담느냐의 문제를 훨씬 넘어서는 스토리이다.

디지털 마케팅은 좀 더 통합적인 고민을 필요로 한다. 콘텐츠를 고려할 때 미디어를 함께 고민해야 하고, 때로는 마케팅 시기와 고객층의 실시간 반응까지 고려하는 상호작용성이 강한 마케팅이다.

가까운 미래에 소비자의 미디어 소비는 전통 매체에서 벗어나 디지털 중심으로 빠르게 변화할 것이다. 그래서 디지털 마케팅의 미래는 마케팅에서 가장 중요하고 독보적인 의미를 지닌다. 좀 더 분명히 말하자면 디지털 마케팅 자체가 마케팅의 대표 용어가 될 것이다. 더 이상 디지털 마케팅과 마케팅을 구별하지 않고 마케팅을 한다는 것이 바로 디지털 마케팅을 하는 것으로 해석되는 시기가 곧 올 것이다.

"광고하지 마라. TV광고로 성공하는 시대는 지났다!"

–혼다 데쓰야·다바타 신타로

일부 마케팅 전문가들은 전통 마케팅과 디지털 마케팅을 구분할 때 전자적electric 미디어를 활용하느냐 활용하지 않느냐를 기준으로 삼는다. 혹은 온라인 네트워크가 미디어 개념에 포함되어 있느냐 포함되어 있지 않으냐로 구분하는 경우도 있다. 이러한 의견은 지나치게 넓은 의미나 지나치게 제한된 의미로 디지털 마케팅을 정의한 것으로 생각한다.

전통 마케팅과 디지털 마케팅을 구분한다는 것은 기업의 메시지를 전달하는 데 전통 매체를 활용하느냐 디지털 미디어를 활용하느냐의 차이를 말하는 것이 아니다. 그리고 온라인 네트워크를 활용하느냐 아니냐로 구분할 수 있는 것도 아니다.

오히려 디지털 마케팅은 소비자와의 디지털 상호작용을 전제로 한 커뮤니케이션 일체를 의미한다고 봐야 한다. 이 상호작용성은 고객의 자발적인 상호작용성뿐 아니라 비자발적인 상호작용성을 포함하는 개념이며, 디지털 마케터는 상호작용 과정에서 유의미한 마케팅 활동을 기획하고 실행하는 커뮤니케이터 역할을 한다고 할 수 있을 것이다.

이제, 디지털 마케팅에 대한 마케터의 새로운 관점이 필요하다. 지금에 와서 디지털 마케팅을 이야기하는 것, 그것이 이미 진부한 이야기이기 때문이다. 어떤 측면에서는 디지털 마케팅이라는 용어는 더 사용하지 않는 것이 옳다. 마케팅 커뮤니케이션을 시작하고 전파하고 측정하는 모든 것이 이미 디지털화되었기 때문이다. 디지털이 융합되지 않은 매체가 이미 존재하지 않는다. 전통 매체인 인쇄광고와 옥외광고 영역에서도 어떻게 하면 디지털과 융합되어 새로운 형태의 발전된 미디어로 보일지를 고민하고 있다.

디지털 마케팅은 이미 그 자체가 마케팅 커뮤니케이션이 되었다. 과거 기업들에서 신문광고 하나가 곧 마케팅의 대부분이었으며, 전단지 한 장이 소통의 전부였다. 디지털화되지 않은 것을 더 찾기 어려운 이 시대에 별도로 디지털 마케팅이라는 용어를 쓰는 것은 소통을 위한 하나의 방편이다. 간단히 말해 디지털 마케팅은 이제 마케팅 그 자체이며, 새로운 해석이 불필요한 단계에 이르렀다고 생각한다.

마케터의 주요한 역할은 시간이 흐르면서 조금씩 달라졌다.

먼저 제품과 시장에 집중하던 시기이다. 1970~1980년대 마케터에게 가장 중요한 일은 시장을 읽고 전략을 짜는 일이었다. 어떻게 하면 시장을 정확하게 이해해서, 소비자의 욕구를 자사 제품으로 채울 수 있을지를 고민하고 연구했다. 그래서 상품 전략과 조사 영역에서 마케터의 역량이 중요했다.

둘째, 광고와 커뮤니케이션에 집중하던 시기이다. 1990년대 4대 매체의 영향력이 확대되면서, 마케터가 시장을 연구하는 것보다 광고 콘텐츠에 담을 메시지를 어떻게 제작하고 전달하느냐를 더 고민하면서 광고 영역에서 마케터의 역할이 중요하게 부각되었다.

셋째, 통합적 브랜딩 관리가 요구되던 시기이다. 2000년대 이후 마케터에게 요구되는 일의 범위는 더 종합적이고 폭넓다. 광고가 아니라 커뮤니케이션을 종합적으로 이해해야 하고 브랜딩까지 확장하여 관리하는 개념이다. 즉 때로는 판매 현장과 서비스 현장의 퀄리티를 관리하는 영역까지 마케터의 역할 범위가 확대되고 있다.

조사, 상품 전략, 공간, 프로세스, 디자인, 채널이 산재되고 혼합된 용어들이 섞여 새로운 브랜딩과 커뮤니케이션 스토리를 만들어 내는 이 모든 과정이 마케터가 직접 수행해야 하는 업무 범위에 포함된다. 이제 하나의 TV광고만으로 매출 상승을 기대한다면 너무 순진한 생각이다. 30초 영상광고로 소비자를 설득하려면 최대한 압축적이면서 효과적으로 브랜드 메시지를 전달해야 하는데, 소비자는 광고 자체를 멀리하는 상황이다.

어느 순간부터 TV에서 화장품 광고가 줄어들고 있다. 아나스타샤 베벌리힐즈의 성공과 수많은 뷰티 인플루언서의 성공으로 많은 화장품 회사의 주력 채널이 TV에서 과감하게 모바일 중심의 디지털로 옮겨 갔기 때문이다. 트렌드에 민감한 젊은 여성 고객들은 이제 TV광고를 보고 화장품 구매 여부를 결정하지 않는다. SNS를 통해 주위 사람들이 어떤 화장품을 쓰고 그 효과는 어떠한지 살펴보고 확인한 뒤에 구매를 결정한다.

ON YOUTUBE

아나스타샤 베벌리힐즈는 1998년 아나스타샤 소레Anastasia Soare가 설립한 색조화장 중심의 화장품 회사이다. 아나스타샤 베벌리힐즈는 인스타그램을 가장 잘 활용하는 회사로 알려지면서 유명해졌다. 자체 인스타그램 계정을 가장 잘 활용할 뿐 아니라, 오프라 윈프리Oprah Winfrey, 킴 카사디안Kim Kardsahian과 같은 유명인을 통해 아나스타샤 베벌리힐즈를 적극 알렸고, 앰라 올레빅Amra Olević, 데시 퍼킨스Desi Perkins와 같이 메이크업계에서 영향력 있는 사람들을 통해 소셜미디어에서 브랜드 노출을 극대화함으로써 크게 성장했다.

OPTION

03

팔지 말고, 사게 하라

화장품을 예로 들어보자. 과거 소비자는 전통적인 마케팅 퍼널Funnel에 충실한 단계를 거쳐왔다. 가장 먼저 소비자는 새로운 화장품이 출시되었다는 소식을 TV광고로 접한다. 그리고 그 화장품이 피부에 좋다는 사실을 인지하면 관심을 갖게 된다. 소비자는 그 제품을 가지고 싶다는 욕구를 품게 되며, 얼마간 고민한 후에 가까운 화장품 매장을 방문하여 해당 제품을 구매한다.

디지털 시대의 소비자는 다른 경로를 거치거나 경로와 무관한 구매 여정을 거친다. 인스타그램을 통해 지인이 사용하는 화장품을 인지하게 되고, 해당 화장품의 정보를 검색하던 중 뷰티 크리에이터의 유튜브 동영상에서 제품에 대한 자세한 정보를 얻고, 모바일 쇼핑몰로 이동하여 제품을 구매한다. 제품을 구매한 후 제품 후기를 본인의 인스타그램이나 페이스북에 공유하는 것 또한 잊지 않는다. 인지와 동시에 구매가 이루어지거나 구매하지 않고도 브랜드 옹호자가 되는 경우도 발생한다.

전통 매체의 시대에는 퍼널 자체의 입구를 크게 만들기 위해 '주의Attention' 단계의 마케팅 커뮤니케이션에 마케팅 예산을 집중했다. 인지Awareness 자체가 이루어지지 않으면 구매 단계로의 진입이 불가능하다는 것이 논리였기 때문에 이러한 접근 방식은 잘못된 것이 아니었다.

하지만 디지털 시대에 와서 소비자는 여러 경로로 자연스럽게 제품을 인지하기 시작했고, 관심이 채 생기기도 전에 구매 결정을 하거나 간접경험을 하는, 단계의 파괴를 경험하고 있다. 마케터로서는 인지 단계에만 신경 쓰는 것이 아니라 경험 단계나 구매 결정 단계에서도 소비자를 설득할 장치를 마련해야 하는 상황이 되었다. 그렇다고 비용이 급증하는 것이 아니다. 이 모든 과정을 설계하여 만드는 데 드는 비용은 오히려 감소하고 있다. 소셜미디어의 영향력이 높아지고, 온드 미디어를 보유하게 되면서 소비자와 소통할 수 있는 채널이 확대되었고, 기존 전통 매체의 독점력이 감소하여 소비자와 접촉할 수 있는 채널도 적은 비용으로 확장이 가능해졌다.

기존의 고객 구매 여정CDJ, Customer Decision Journey이 디지털의 발달과 함께 다른 형태로 변하고 있다. 고객 구매 여정은 엘모 루이스Elmo Lewis가 1898년 AIDA라는 고객 구매 단계를 설명하는 모델에서 시작되었다. 이는 마케팅 퍼널이라고 불리는 단계적 소비 형태를 모델화한 것인데,

소비자는 주의Attention, 관심Interest, 욕구Desire, 행동Action 단계를 거치면서 브랜드를 인지하고 관심을 가지며, 가지고 싶다는 마음을 품게 되고 최종적으로 행동한다는 단계별 구매 행동 논리이다.

1920년대 미국의 경제학자 롤랜드 홀Rolland Hall은 AIDMA라는 새로운 고객 구매 여정 모델을 제시했다. 기존 모델에 기억Memory 과정을 포함시킨 모델이다. 욕구 단계와 행동 단계 사이에 기억이라는 단계가 포함되어야 하며, 이 기억 과정을 통해 최종적으로 구매라는 행동을 하게 된다는 것이다. 전형적으로 오프라인 구매를 전제한 모델이다. 당연하게도 전통적인 마케팅에서는 AIDMA를 바탕으로 고객의 행동 경로를 판단하고 기업의 마케팅 전략을 수립했다. 소비자의 주의와 관심을 끌어서 욕망을 불러일으키고 기억하게 해야만, 기업의 최종 목표인 구매 행동을 이끌어 낼 수 있다는 생각에 근거한 것이다. 이렇듯 과거에는 관심 있는 제품을 기억했다가 제품을 구매할 필요가 있을 때 기억을 소환하여 구매하는 방식이었다면, 디지털 기술로 인해 이러한 구매 여정에도 변화가 생겼다.

일본의 광고대행사 덴쓰는 인터넷의 발전을 반영한 새로운 고객 구매 행동 모델로 AISAS를 발표했다. 기존 AIDMA 모델에서 욕구 대신 검색 단계와 공유 단계가 추가되어 주의, 관심, 검색Search, 행동, 공유Share 단계로 이어지는 모델이다. AIDMA는 1인의 소비에 제한된 개념에 가까웠다면, AISAS는 타인 또는 커뮤니티로의 관계 확장을 고려한 모델이다.

이제 소비자는 구매하기 전에 먼저 검색하여 비교, 분석한 다음 구매한다. 소비자가 활용하는 디지털 미디어 채널이 다양해지면서 구매 후에도 다른 소비자와 공유하는 경우가 잦아졌다. 과거의 수동적 소비자들이 검색과 공유 단계를 거치는 능동적 소비자로 진화한 것이다.

구글은 ZMOTZero Moment of Truth라는 콘셉트를 통해 "새로운 소비자들은 매장을 방문하기 전에 검색을 통해 이미 구매 의사결정을 마친다"라고 밝혔다. 이미 다양한 간접경험을 통해 어떤 브랜드의 어느 제품을 구매할지 마음을 정하고 구매 행동을 한다는 것이다. ZMOT 단계는 잠재고객이 제품이나 브랜드와 직접적 접점을 가지기 전에 이미 다양한 디지털 채널을 통해 브랜드와 제품에 대한 정보를 획득할 수 있게 되면서 첫 번째 접점First Moment of Truth이 발생하기 이전에 제품 구매에 관한 의사결정을 하는 단계이다.

"소비자가 있는 곳에 우리도 있어야 한다. 소비자의 시간에 들어가야 한다."

– 브라이언 코넬Brian Cornell

디지털 기술의 발달로 인해 소비자의 정보력이 공급자에 못지않은 시대가 되었다. 기존에 선형적 패턴을 보인 마케팅 퍼널이 서로 연결된 선순환 프로세스 형태로 변화되었고, 이에 따라 마케터의 역할에도 변화가 생길 수밖에 없다.

예를 들어 기존에는 하나의 마케팅 커뮤니케이션을 수행하기 위해 콘텐츠를 제작하고 정해진 배포 형태를 관리하는 역할이었다면, 이제는 훨씬 다양하고 복잡한 단계를 거치며 소비자와 소통해야 한다.

여기에서 우리는 디지털 큐레이션이 필요하다. 유용한 정보가 넓게 퍼져 있는 인터넷 공간에서는 역설적으로 유용하지 않은 정보까지 쉽게 접하게 되었다. 정보를 접하는 사람은 관련 지식이 없는 이상 어떤 콘텐츠가 실제 유용한지 판단할 수 없다.

그렇기 때문에 일부 부도덕한 기업들은 인터넷 공간에서 여론을 조작하여 자사에 유리한 콘텐츠로 소비자를 현혹하기도 한다. 분명 소비자들은 똑똑해졌지만, 소비자 자신에게 필요한 콘텐츠를 찾는 일 자체가 이제는 또 한 가지 일이 되어버렸다.

만약 이와 같은 어려움을 해결하기 위해 기업이 소비자의 구매 여정에 맞는 디지털 콘텐츠를 큐레이션하여 제공할 수 있다면 어떨까. 진정성을 가지고 소비자의 각 여정 단계에 필요한 콘텐츠를 큐레이션해준다면, 소비자는 그 편리함 때문에 의사결정 시점에 큐레이션한 콘텐츠를 제시한 브랜드를 최우선으로 고려할 수밖에 없을 것이다.

디지털 큐레이션 마케팅은 소비자의 구매 행동을 유발하기 위해 고객 구매 여정에서 고객 데이터를 단계별로 수집, 분석한 뒤 고객의 요구에 맞는 콘텐츠를 제작하여 전달하는 일련의 활동을 의미한다. 디지털이라는 쌍방향 정보 환경에서 소비자의 구매 의사결정 과정을 단계별로 조망하는 방법이다.

큐레이션 마케팅이 필요한 이유는 소비자의 구매 과정상 온라인 채널의 영향력이 커지고 고객 니즈가 다양화되는 등 고객 행동의 변화 방향에 부합되면서 효율성과 지속성이 높은 고객 구매 여정에 기반을 둔 디지털 콘텐츠 마케팅의 중요성이 증대되었기 때문이다.

필립 코틀러는 『필립 코틀러의 마켓 4.0Marketing 4.0: Moving from Traditional to Digital』에서 "전통적이고 일반적인 마케팅은 전략적 세분화와 고객 타기팅, 브랜드 포지셔닝과 차별화로 이루어지며, 4PPrice, Product, Place, Promotion로 이루어지는 마케팅믹스와 판촉 전략을 위주로 행해진다. 마켓 4.0에서는 연결성Connectivity이 마케팅 전략의 핵심이다."라고 하면서 전통적인 마케팅과 디지털 마케팅의 차이를 다음과 같이 설명했다.

첫째, 연결성 이전의 시대에는 소비자가 브랜드에 대한 태도를 자신이 직접 결정했지만, 연결성 시대에는 소비자를 둘러싼 커뮤니티의 영향을 받는다고 한다. 둘째, 연결성 이전에는 로열티를 고객 유지와 재구매로 정의했지만, 연결성 이후 시대에는 재구매를 하지 않거나 현재 그 제품을 사용하지 않더라도 그 브랜드를 기꺼이 추천하는 것이 중요하다고 말한다.

이 책에서는 고객 구매 여정을 5A로 이야기한다. 다른 사람과 과거 경험을 통해 브랜드에 수동적으로 노출되는 인지Aware 단계, 소비자가 좋게 느끼는 호감Appeal 단계, 친구에게 조언을 구하거나 온라인 사용 후기, 가격 비교, 제품 체험을 통해 제품을 직접 조사하는 질문Ask 단계, 오프라인 구매나 온라인 구매를 진행하는 행동Act 단계, 마지막으로 브랜드에 대한 지지를 표시하는 옹호Advocate 단계가 그것이다.

구입 경험이 있는 소비자가 꼭 아니라도 충성스러운 브랜드 지지자가 될 수 있다. 예를 들면, 테슬라의 경우 많은 지지자가 비구매자로서, 행동 단계가 없이도 브랜드 옹호자가 된 경우이다. 이들 브랜드 옹호자들은 디지털상에서 테슬라에 대한 긍정적인 콘텐츠를 제작하여 배포하거나, 테슬라에 관심이 없는 사람들에게 테슬라의 장점을 적극 알리기도 한다.

우리가 가장 관심을 둬야 하는 고객 구매 여정은 질문 단계로, 온라인 사용이 가장 활발한 단계이다. 따라서 디지털 마케팅의 효과가 가장 높은 단계이기도 하다. 만약 이 단계에서 디지털 마케팅 활동을 한다면 노출 효과가 좀 더 높을 수 있고, 잠재고객이 유입될 가능성이 높다. 검색 등 디지털 채널이 많은 단계이기 때문에 소비자의 의사결정에서 변경 가능성도 높다. 즉, 인지·호감 단계에서 관심을 둔 상품에서 다른 상품으로 변경할 가능성이 가장 높은 단계이다.

애플은 이러한 고객 구매 여정 단계에 필요한 콘텐츠를 촘촘히 준비하고 배포하는 회사로 유명하다. 우선 론칭 이전부터 다양한 언론 기사를 통해 신제품에 대한 소비자의 관심을 최대한 유도한다. 애플 세계개발자회의 행사를 열어 신제품을 라이브로 공개하며, 론칭 이후 다양한 제품 경험 스토리와 제품 사용과 관련된 영상 이미지를 배포하고, 이를 TV광고로도 구성하여 노출한다.

예를 들면 카메라를 사용하는 모습을 다양하게 보여주는 식이다. 그 후에는 구매와 관련된 다양한 정보를 언론과 광고에 노출하고, 최종적으로 소비자가 스스로 애플 제품을 디지털상에 홍보하는 등의 노출을 진행한다. 애플은 이와 같은 일련의 활동을 통해 소비자의 구매 의사결정에 직접적 영향을 주고, 콘텐츠의 자산화로 온라인에서 지속적으로 전파되는 장기적long-term 효과를 누리는 대표적인 기업이다.

2016년에 별세한 미래학자 앨빈 토플러Alvin Toffler는 1980년 출판한 『제3의 물결』에서 제조업 기반의 경제에서 지식과 데이터 위주로 사회가 이동할 것임을 예언함과 동시에 프로슈머Prosumer의 등장을 예언했다. 미래학자로서의 직관과 통찰력으로 21세기의 흐름과 소비자의 모습을 너무도 유사하게 예견한 것이다.

생산자Producer와 소비자Consumer를 결합한 단어인 프로슈머는 제품에 대해 개인 의견을 적극적으로 내세우는 새로운 개념의 소비사이다. 생산자와 소비자의 구분이 모호해지고, 뛰어난 소비자가 스스로 생산에 참여함으로써 창조적이고 능동적인 소비자의 역할을 하게 된다. 지금의 소비자는 기업이 전달하는 콘텐츠와 제품에 만족하지 않는다. 스스로 아이디어를 제안하고 콘텐츠를 자체 제작하기도 한다.

새로운 시대의 새로운 고객 구매 여정에 맞춤형 콘텐츠를 제공할 수 있다면 가장 효과적인 디지털 마케팅을 수행하는 것이다. 능동적인 소비자를 대상으로 하는 마케팅에서는 적합한 큐레이티드Curated 콘텐츠를 보유하고 적절한 미디어에 배포했는지가 마케팅 성과를 가늠하는 중요한 잣대가 될 것이다.

OPTION

04

콘텐츠를 팔아라

'마이크로소프트 캐나다'에서 2015년 발표한 '주의 지속 시간'에 대한 소비자 연구 보고서에 따르면 인간이 한 사물에 집중하는 시간이 2000년 평균 12초에서 2013년 8초로 줄어들었다고 한다. 금붕어의 평균 주의 지속 시간인 9초보다 짧은 시간이다.

이에 가이코라는 미국 보험회사는 러닝타임 1분 동안 단 5초만 메시지를 전달하는 광고를 하여, 디지털 광고계에서 화제를 일으켰다. 이 광고가 화제가 된 것은 5초의 시간을 잘 활용했기 때문이 아니라, 1분 동안 벌어지는 재미있는 상황 자체가 콘텐츠로서 힘을 발휘했기 때문이다.

소비자가 동영상에 집중할 수 있는 시간은 단 8초라는 논리에 맞춰 콘텐츠를 제작하는 것은 무모한 일이다. 호흡이 짧으면서도 스토리가 있는 콘텐츠를 제작한다면, 광고라 할지라도 소비자에게 매력적인 콘텐츠로 소비될 수 있다.

인간의 시간에는 절대적 기준이 있지만, 각자가 느끼는 체감 시간은 다르다. 러닝타임이 2시간이 넘는 영화가 긴 시간 동안 관객의 몰입을 끌어낼 수 있는 것은 매력적인 스토리가 있기 때문이다. 스토리텔링의 힘은 절대적 시간 개념도 바꾸어놓을 정도로 강력하다.

JTBC는 2013년 10월, 포털사이트에서 자사의 저녁 뉴스 프로그램을 생방송으로 방영한다는 결정을 했다. 소셜미디어 페이스북에서 볼 수 있는 콘텐츠인 '소셜 라이브'를 제작하여 방송하는 등 기존 방송사와는 다른 방식으로 새로운 미디어 환경에 공세적으로 대응하고 있다. 왜 TV광고 수입이 중요한 방송국에서 이러한 정책을 펼칠까? 과거에 미디어 소비자들은 신문에 실린 TV 편성표를 참고하여 TV 콘텐츠를 소비했지만, 지금은 신문에서 TV 편성표를 찾아보는 사람을 발견하기 힘들다. 미디어 콘텐츠의 주체가 공급자가 아닌 소비자가 되었기 때문에 TV 편성표에 의존하면서 콘텐츠를 소비하지 않는다. 모든 콘텐츠 공급 모델이 공급자가 아닌 수요자, 즉 소비자로 넘어갔다. 소비자는 광범위한 미디어 환경에서 빠른 속도로 공급되는 많은 수의 콘텐츠를 원한다. 콘텐츠의 공급 체계가 완전히 바뀌어, 소비자의 선택을 받아야 하는 메이커의 광고가 소비자에게 전달되기가 까다로워졌다. 더욱이 광고 콘텐츠가 기존 미디어 사업자들의 방송용 콘텐츠와 경쟁해야 하는 상황이 되었다는 것은 소비자의 선택을 받지 않으면 안 된다는 것을 의미한다.

"기업들은 시장의 힘이 생산자에서 소비자로 넘어갔다는 사실을 인식해야 한다. 기업 전략과 관련된 중요한 결정은 이제 기업이 하는 것이 아니고 소비자들이 한다."

-존 스컬리John Sculley

많은 마케터가 콘텐츠 마케팅에서 가장 어려운 점으로 소비자가 원하는 다양한 콘텐츠를 제작하는 일, 수준 높은 콘텐츠를 제작하는 것, 역량 있는 콘텐츠 마케팅 전문가 부족 등을 꼽는다. 양질의 콘텐츠를 제작하는 일을 마케터의 중점 과제라고 생각한다고 한다.

저명한 마케팅 전문가이자 야후의 부사장이었던 세스 고딘Seth Godin은 콘텐츠 마케팅에 대해서 "콘텐츠 마케팅은 마케팅 중에 마지막으로 남을 만한 유일한 마케팅"이라고 말했다. 콘텐츠 마케팅이 마지막까지 가장 중요한 마케팅 방식임을 한마디로 설명하는 문장이다. 콘텐츠 마케팅은 확실한 타깃 고객이 흥미와 매력을 느낄 만한 콘텐츠를 제작하고 배포하는 마케팅이다. 콘텐츠 마케팅을 제대로 하는 것이 마케팅 커뮤니케이션을 수행하는 데 필수 조건이 되었다.

TV광고는 15초, 30초라는 제한된 시간에 브랜드에서 전하고 싶은 메시지를 함축적으로 표현해야 하기 때문에 상징적 메시지와 비주얼을 활용해야 했다. 말하자면 큰 비용을 투입하는 데 반해 전할 수 있는 메시지가 제한적이기 때문에 커뮤니케이션 메시지 측면에서 효율성이 낮을 수밖에 없었다. 기업에서 홈페이지와 SNS 계정을 만들어 매체비 없이도 적은 비용으로 자사의 메시지를 전달하게 되면서 기업이 브랜드 콘텐츠를 통해 고객과 소통하는 시대가 열렸다.

마케팅 커뮤니케이션에 꼭 필요한 콘텐츠 마케팅은 디지털 미디어를 통해 다양한 형태로 전개할 수 있게 되었다. 특히, 모바일로 인해 콘텐츠 공유와 확산이 빠르게 진행되는 환경이 조성되어서 콘텐츠에 집중하는 방안도 마케팅 전략의 한 방향으로 유효할 수 있다.

일반적으로 콘텐츠 마케팅에는 많은 시간이 소요된다. 타깃 고객의 관심을 끌기 위해서는 콘텐츠가 우수하거나, 콘텐츠 자체의 화제성이 강해야 한다. 영상미나 감성 코드가 뛰어난 콘텐츠를 제공할 수 있으면 사람들이 관심을 가지고 그 콘텐츠를 찾아보고 공유한다. 제품 자체에 화제성이 충분한 경우, 빠른 시일 내에 정보성 콘텐츠를 제공한다면 긍정적인 소비자 반응을 기대할 수 있다.

콘텐츠 마케팅을 효과적으로 진행하기 위해서는 많은 방안을 연구하고 시의적절하게 행동해야 한다. 투여하는 시간이 너무 짧으면 콘텐츠의 메시지나 품질이 떨어질 수밖에 없다. 그렇다고 너무 오랜 기간 고민하고 제작하면 콘텐츠가 화제가 되는 적절한 시기를 놓치게 된다.

현시대에는 콘텐츠 자체가 마케팅이다. 과거의 마케팅이 일방적 노출에 주력했다면, 현재의 마케팅에서는 콘텐츠를 중심으로 소비자와 어떻게 소통하느냐가 핵심이다.

이러한 콘텐츠 마케팅을 잘하는 기업 중 하나가 영국에서 시작한 버진애틀랜틱 항공이다. 이 항공사의 기내 안내 영상에서 콘텐츠 마케팅의 성공 사례를 확인할 수 있다. 버진애틀랜틱 항공에서는 항공기에 탈 때마다 안전상 꼭 필요하지만, 유의 깊게 보지 않는 항공 탑승 시 안전 수칙을 뮤지컬 형식을 빌어 버진애틀랜틱 특유의 기업 코드로 재미있게 전달함으로써 고객이 자사 항공기에 탑승할 때 느끼는 유쾌함을 상상할 수 있게 했다. 기내 안전 방송을 버진애틀랜틱만의 브랜드 목소리로 전달함으로써 유튜브 조회수 1200만 이상을 달성하는 성과를 거뒀다. 이와 유사하게 에어뉴질랜드에서는 「반지의 제왕」과 「호빗」의 촬영지가 뉴질랜드인 데 착안하여 「The Most Epic Safety Video Ever」라는 영상물을 제작했고, 콘텐츠 자체의 화제성에 힘입어 유튜브 조회수 1800만 회를 달성하기도 했다. 기내 안전 안내 방송은 사실 구매 효과 면에서는 그다지 중요하지 않은 항공사만의 콘텐츠이지만, 버진애틀랜틱과 에어뉴질랜드는 그들만의 콘텐츠로 제작하여 효과적으로 전달했고, 결과적으로 큰 성과를 이루었다.

대표적인 콘텐츠 마케팅은 블로그 운영이다. 미국 시카고의 커피 전문점 인텔리젠시아 커피는 자체 블로그를 통해 커피에 대한 다양한 지식을 공유함으로써 콘텐츠 마케팅에 성공한 기업이다.

콘텐츠 마케팅이라고 하면, 일부러 브랜드의 헤리티지를 이야기하거나 브랜드 스토리를 고객에게 전달하려고만 하는데, 인텔리젠시아 커피는 심플하게 커피를 맛있게 만드는 방법을 소개하는 콘텐츠로 브랜드에 대한 고객 신뢰를 이끌어 냈다.

이렇듯 콘텐츠 마케팅에서 콘텐츠는 형식에 제한을 받지 않는다. 동영상 콘텐츠, 블로그 콘텐츠, 소셜미디어 콘텐츠 등이 모두 중요한 콘텐츠 마케팅 활동이다.

콘텐츠 과잉의 시대이다. 정보와 광고의 홍수 속에서 소비자를 설득하기는 점점 더 어려워지고 있다. 소비자는 광고를 피하려고 한다. 정확하게 말하자면, 더는 브랜드의 일방적인 이야기를 들으려 하지 않는다. 관심사가 아니면 광고에 노출되는 것을 최대한 회피하려 한다. 기존의 광고는 너무나 무력해졌다.

TV 시청자는 광고가 없는 콘텐츠 소비를 위해 넷플릭스나 훌루Hulu 같은 콘텐츠 공급업자의 콘텐츠를 직접 구매하여 소비하고 있다. PC 인터넷 광고를 하더라도 일부 소비자는 네이티브 애드블로커Ad-Blocker와 같은 프로그램을 설치하여 애써 광고를 피하고 있다. 이제 소비자는 그동안의 경험을 통해 배너광고의 위치를 정확하게 알고 있으며, 더 이상 배너광고에 주목하지 않는다. 심지어 이제는 배너광고가 있는지조차 인지하지 않는다.

기존의 광고 커뮤니케이션이 점차 영향력을 잃고 있다. 이제 기업은 SNS 광고를 집행할 때 타깃 고객의 뉴스피드에 많은 친구가 남겨놓은 이쁘고 공감 가는 사진, 메시지 포스트와 경쟁해야 하는 상황이다. 이런 상황에서 기업의 콘텐츠가 친구의 사진보다 관심을 끌기 위해서는 소비자의 공감을 유도하는 것이 반드시 필요하다.

소비자가 디지털 채널에서 소비하는 시간이 늘어남에 따라 콘텐츠 공급자들에게는 기회가 추가로 창출되고 있다. 하지만 그만큼 경쟁도 치열해지고 있다. 소비자의 시간은 하루 24시간이며, 이 물리적인 개념은 절대 줄어들지도 늘어나지도 않기 때문이다. 만약 기업의 콘텐츠가 디지털 채널상에서 제대로 소비되지 못한다면, 공유되지 못한다면 시장에서 인식될 기회조차 잃게 된다. 관련 검색 결과에 자사 콘텐츠가 노출되지 않는다면 그 콘텐츠는 존재하지 않는 것과 다를 바가 없다.

이제 마케터는 스토리텔러가 되어야 한다. 기업의 이야기로 콘텐츠를 전달할 수 있어야 마케터의 역할을 충실히 수행할 수 있다. 강력한 이야기와 화려한 비주얼만으로 구성된 콘텐츠를 말하는 것이 아니다. 소소하지만 소비자들에게 필요한 것을 전달해야만 훌륭한 스토리텔러라고 할 수 있다.

이미 시장은 제품 중심의 시장에서 소비자 중심의 시장으로 명백하게 변화했으며, 콘텐츠 마케팅은 그런 소비자들에게 어필할 수 있는 유일한 방법이며 기회이다.

이제 팔아야 하는 것은 콘텐츠 그 자체이다. 소비자의 제한된 시간에는 더 이상 브랜드를 위해 예약된 시간은 없다. 콘텐츠로서 가치가 없는 이미지와 영상들을 소비자들은 더 이상 쳐다보지 않는다. 인간은 이기적인 존재이다. 소비자는 도움 되지 않는 콘텐츠를 소비할 여력도, 계획도 없다. 그러므로 소비자를 대상으로 브랜드의 화려한 영상을 억지로 보도록 강요하는 것은 이제 더는 유효한 방법이 아니다.

ON YOUTUBE

에어뉴질랜드의 「The Most Epic Safety Video Ever」와 「Men In Black」은 뉴질랜드 항공의 항공사 안전 안내 영상의 끝판왕이다. 그 누가 「반지의 제왕」의 거대한 세계관을 기내 안전 영상에 담을 생각을 한단 말인가. 뉴질랜드의 웅장한 자연과 함께 호빗의 재치 있는 모습을 기내 안전 영상에서 볼 수 있다는 것만으로도 관심을 받을 만한 훌륭한 콘텐츠이다. 에어뉴질랜드의 새로운 기내 안전 영상 「Men In Black」도 흥미로운 영화적 해석으로 다시 한번 주목을 받았다.

보험회사 가이코는 자사 브랜드를 소비자에게 어떻게 각인할지를 고민한 끝에, 유튜브 5초 스킵이라는 기능을 역발상으로 활용하여 광고 영상을 제작했다. 영상을 실행한 후 5초가 지나면 갑자기 화면 속 사람들의 동작이 멈추고 로고와 내레이션만 나타난다.

"당신은 이 광고를 건너뛸 수 없습니다. 왜냐하면, 이 광고는 벌써 끝났기 때문입니다."

광고를 시청하는 사람은 내레이션이 끝나자마자, 멈춰진 사람들 사이로 벌어지는 에피소드에 실소하게 된다. 해당 광고는 전형적인 유튜브 맞춤형 콘텐츠이지만, 5초라는 짧은 시간에 간결하게 메시지를 전달하고 그 후 55초는 마치 등장인물들이 멈춰진 상태에서 벌어지는 재미있는 상황을 연출함으로써 브랜드 이름을 알리는 데 효과적인 커뮤니케이션을 실행했다.

버진애틀랜틱의 CEO 리처드 브랜슨Richard Branson은 괴짜 경영인으로 유명하다. 그의 인생철학 중 하나는 "매일 매순간 즐기라"이다. 그의 좌우명처럼 버진애틀랜틱의 기내 안전 안내 영상은 기존 영상과는 완전히 다른 콘텐츠이다. 누구도 주목하지 않는 딱딱한 형식의 기내 안전 수칙 안내 영상을 재미있는 콘텐츠로 구성하여 탑승객의 주목을 끌 뿐 아니라 브랜드가 지향하는 바를 자연스럽게 보여준다.

OPTION

05

인터랙티브 디지털 마케팅

디지털 시대의 마케팅에서 인터랙티브Interactive는 매우 중요하다. 디지털 이전의 마케팅에서는 할 수 없거나 어려웠던 소비자와의 직접 소통을 전제로 하기 때문이다.

디지털 마케팅을 네트워크를 기반으로 하는 마케팅으로만 이야기해서는 안 된다. 디지털 기반의 마케팅은 구체적으로 인터랙티브, 즉 상호작용성을 전제한 마케팅이다. 따라서 디지털 마케팅을 이야기할 때 상호작용성에 대한 이야기는 반드시 필요하다.

물론, 인터랙티브를 다양한 의미로 해석할 수 있다. 직역하면 '대화형의' 또는 '상호적인, 상호작용을 하는'으로 해석된다.

최근 많은 디지털 마케팅 에이전시에서 회사명에 '인터랙티브'라는 용어를 즐겨 쓴다. 이는 디지털의 상호작용성에 근거한 이름이며, 그 에이전시의 커뮤니케이션 지향점을 나타내는 좋은 용어라 생각한다.

대학교에도 IT 기반의 커뮤니케이션 활동을 가르치는 인터랙티브 미디어 학과가 있다. 고객과 소통하는 디지털 마케팅이라는 의미에서 인터랙티브라는 용어가 회사명이나 학과명에 사용되는 것이다.

인터랙티브는 고객의 행동을 전제로 한다. 수동적이든 능동적이든 고객의 행동이 수반될 때 인터랙티브 마케팅이라고 이야기할 수 있다. 최근에는 인터랙티브 마케팅이 소비자의 적극적 참여를 유도하는 마케팅으로 인식되고 있으며, 먼저 소비자가 커뮤니케이션에 참여하는 과정이 반드시 포함된다. 따라서 인터랙티브 마케팅의 성공에는 소비자의 관여도를 높이는 것이 중요한 요소이며, SNS 채널의 댓글, '좋아요', 지인 태그 등의 인터랙티브 마케팅 요소들을 잘 활용하는 것이 성공적인 인터랙티브 마케팅을 위한 방안일 것이다. 소비자의 직간접적 체험을 통해 브랜드에 대한 강력한 인상을 줄 수 있는 마케팅 방법이기 때문에 많은 기업에서 인터랙티브 마케팅을 통해 소비자의 관심과 참여를 이끌어 내고 있다.

"마케팅 4P 다음에 오는 P는 사람Person이다. 소비자와의 상호작용이 그만큼 중요하다."

– 미상

시간이 꽤 지났지만 티펙스Tipp-Ex 수정 테이프 사례가 인터랙티브 마케팅의 성공 사례로 평가받는다. 초기부터 유튜브의 크리에이티브 팀과 함께 기획한 광고로 인터랙티브 무비 형식을 빌려 제작했다.

광고 형식은 유튜브 광고 영상을 일차적으로 시청하고 나면, 소비자에게 각 경우의 수를 선택하도록 하거나 원하는 방식을 직접 타이핑으로 입력하게 한다. 그에 따라 해당 영상은 다른 형태의 콘텐츠로 재생되며 마지막에는 유튜브 창 자체가 수정 테이프로 지워지는 놀라운 경험을 하게 되는 시나리오이다. 해당 영상은 2200만 회 이상의 조회수를 달성하고 상당히 높은 시청 완료율VTR, View Through Rate을 기록한 온라인 인터랙티브 캠페인이다.

또 한 가지 사례로 코카콜라의 'Coca Cola Village' 캠페인이 있다. SNS 채널 페이스북과 NFC 태그 기술을 활용하여 초청된 코카콜라 고객들이 코카콜라에서 주최한 파티 장소에서 여러 콘텐츠를 체험하고 자신이 경험한 내용을 소셜미디어 채널에 자동으로 공유하는 캠페인을 전개했다. 국내에서는 모션 인식 기술을 적용한 코카콜라 댄스 자판기 인터랙티브 캠페인 영상이 유튜브 채널에서 화제를 불러일으켰다.

자선단체 미제레오르Misereor의 공항 자선 기부 캠페인도 인상적인 인터랙티브 커뮤니케이션 사례이다. 이 캠페인 이름은 'The Social Swipe'이다. 여기에 적용된 인터랙티브는 너무 직관적이고 충격적이어서 사실 한동안 입을 다물지 못했다. 두 스크린 사이에 놓인 빵이나 수갑을 신용카드로 자르면 2유로가 기부됨과 동시에 아프리카 난민의 손에 묶인 밧줄을 자르거나 빵을 자르는 영상을 보여준다. 이와 같은 기발한 인터랙티브 아이디어를 통해 약 한 달 만에 3000만 유로의 기부금을 모으는 동시에 대중의 자발적 참여로 디지털 채널에서 확산되면서 미제레오르의 자선 활동을 효과적으로 알리는 성과를 거두었다.

인터랙티브를 단순한 상호작용의 개념 정도로만 생각하고 마케팅 커뮤니케이션에 적용하는 경우가 있다. 하지만 인터랙티브의 진정한 의미는 상호작용을 통해 내러티브를 만들어가는 과정이다. 만약 단순히 입력값을 받아 송출하는 방식으로 커뮤니케이션을 전개한다면 이것은 인터페이스를 이야기하는 것이지 인터랙티브를 의미하는 것이 아니다. 결국, 인터랙티브 마케팅은 기본적인 구조와 스토리는 기업이 만들지만, 그 완성은 소비자의 참여로 이루어진다.

어떻게 하면 소비자의 능동적 참여를 유도할 수 있을까? 참여를 유도하는 것은 소비자에게 어느 정도의 불편을 초래할 수 있다. 그래서 때로 기업은 이러한 불편에 대한 대가로 리워드를 주며 소비자의 참여를 유도하기도 한다. 예를 들면, 기업은 자사 SNS 채널에 대한 소비자의 참여를 이끌어 내기 위해 커피 쿠폰과 같은 선물을 나누어주는 이벤트를 기획한다. 이러한 방법은 콘텐츠의 자발적 확산을 유도하는 데 효과적일 수 있지만, 체리피커Cherry Picker들의 표적이 될 수도 있기 때문에 신중하게 활용해야 한다.

능동적인 참여를 유도하기 위해서는 첫째, 진정성을 바탕으로 하여 소비자의 공감을 불러일으킨다. 소비자의 마음을 담아내거나 브랜드의 방향성과 일관성 있는 비전을 제시해야 진정성을 통한 공감을 얻어 낼 수 있다. 앞서 언급한 자선단체 미제레오르의 캠페인에서 진정성을 기반으로 한 인터랙티브 마케팅의 효과를 확인할 수 있었다.

둘째, 참여하기 쉬운 방법을 제시한다. 만약 소비자가 참여하기에 절차가 복잡하다면 소비자의 참여도는 현저하게 떨어질 수밖에 없다. 만약 참여를 위해서 기업의 홈페이지에 가입하는 절차를 거쳐야 하고 전화번호 인증을 해야 한다면 그 취지에 공감하더라도 소비자는 쉽게 외면하게 된다. 최근 SNS 채널을 활용한 인터랙티브 마케팅이 늘어나는 것은 이러한 소비자 참여 불편을 최소화하는 방안으로 소셜미디어가 매우 유용하기 때문이다.

셋째, 타깃 고객의 성향을 고려한 최적화된 콘텐츠로 참여를 유도한다. 만약 소비자 개인의 맞춤형 콘텐츠가 있는 기업의 참여 제안을 받는다면 좀 더 쉽게 해당 캠페인에 참여할 수 있을 것이다.

넷째, 캠페인에 참여한 것에 대해 심리적 보상을 한다. 심리적 보상은 감동일 수도 있고, 재미일 수도 있는데 대외적으로 좋은 평가를 받을 수 있는 계기가 된다면 더 효과적인 보상이 될 수 있다.

다섯째, 장기적으로 긍정적인 소비자-기업 관계를 확보한다. 브랜드가 장기적인 관점에서 소비자와 함께하는 내러티브 캠페인을 전개한다면 소비자의 참여가 좀 더 활성화될 수 있다.

성공적인 인터랙티브 마케팅은 소비자의 적극적인 참여를 전제로 한다. 눈으로만 보고 소리로만 듣는 커뮤니케이션이 아닌, 소비자가 직접 참여하고 체험하는 커뮤니케이션 시대가 온 것이다. 기업은 언제든 소비자와 이야기할 준비가 되어 있어야 한다. 그들과 공감하고 같이 행동함으로써 진정 사랑받는 브랜드로 거듭날 수 있다.

티펙스의 인터랙티브 광고 영상 「A Hunter shoots a Bear」는 '제품의 기능을 이보다 더 잘 나타낼 수 있을까?' 하는 생각이 들 정도로 티펙스의 개성을 이 하나의 인터랙티브 광고를 통해 명확하게 드러낸 사례이다. 이처럼 단순히 소비자를 설득하고 유인하는 데 그치지 않고 소비자의 능동적인 관여 행동을 유도하고, 이러한 커뮤니케이션 활동을 통해 장기적인 유대감을 쌓아가는 것을 인터랙티브 마케팅의 장기적 성과 목표로 설정해야 한다.

ON YOUTUBE

미제레오르의 옥외 인터랙티브 광고 'The Social Swipe'는 기부에도 재미가 필요하다는 것을 보여줬다. 심각하고 진지한 내용으로 기부를 유도하는 많은 자선단체의 호소 가운데 사람들의 관심을 끄는 것은 굉장히 어려운 일이지만, 신용카드로 사슬을 끊고, 빵을 잘라준다는 설정은 단순한 재미를 넘어, 참여의 의미를 부여한 훌륭한 사례이다.

진정한 인터랙티브 마케팅은 브랜드와 소비자의 자연스러운 상호작용을 기본 바탕에 두어야 한다. 억지스럽지 않고 자연스러운 상호작용, 브랜드가 제시한 콘텐츠와 제품에 대해 소비자가 자연스럽게 의견을 내고, 좋은 콘텐츠라면 주변과 공유할 수 있는, 모든 것이 물 흐르듯이 자연스러운 과정이어야 한다.

소비자의 능동적인 참여를 유도하려면 어떻게 해야 할까? 절대 강요해서는 안 된다. 참여를 유도하는 것은 소비자에게 어느 정도의 불편을 초래할 수 있다는 점을 감수해야 하며, 그만큼 어려운 일이기도 하다. 소통의 기술이 마케팅의 기술이며, 결국에는 구매라는 소비자의 자발적 행동을 유발하는 것이 우리의 목표임을 잊지 말아야 한다.

사랑받는 브랜드가 된다는 것은 소비자의 깊은 이해와 애정을 갈구해야 하는 일이다. 성공적인 인터랙티브 마케팅을 통해 디지털 마케팅에서 진정한 승자로 남기 바란다.

3장

마케터 없는 마케팅, 마케팅 없는 마케터

"브랜드 저널리즘은 최신 마케팅에서 필수이다."

– 미상

"우리의 향후 목표는 언론보도 자료를 없애버리는 것이다."

– 코카콜라 콘텐츠 전략 2020

OPTION

01

당신은 브랜드 저널리스트입니까?

기업이 곧 미디어이어야 하는 시대가 왔다. 아니, 기업이 곧 미디어이다.

특정 제품이나 서비스를 구매하면 소비자가 그것으로 무엇을 할 수 있는지를 이야기하는 기업들이 있다. 예를 들어 텐트를 사면 밤하늘의 별을 또렷이 볼 수 있다는 이야기를 제품과 함께 전달하는 식이다.

브랜드 저널리즘은 브랜드와 연관성 높은 소재를 넘어, 오히려 그 반대로 소비자가 관심을 가질 만한 이야기 소재 중 브랜드와 관계있을 만한 내용을 전달하는 것이다. 예를 들면, 스포츠 음료 업체가 '롱보드 longboard'에 대한 이야기를 자사 채널에서 이야기하는 식이다.

브랜드 저널리즘이 주목받게 된 이유에는 여러 가지가 있다. 가장 큰 이유는 너무 많은 정보와 광고에 소비자가 이미 노출되어 있기 때문이다. 조사기관 아이피지 미디어 랩IPG Media Lab의 조사에 따르면 미국 성인 한 명이 하루에 보게 되는 광고 수가 2009년 1051개에서 2013년 1205개로 늘었다고 한다. 구글의 최고경영자를 지낸 에릭 슈미트Eric Schmidt가 2010년에 "2003년까지 인류가 만들어 낸 정보보다 최근 이틀간 만들어 낸 정보의 양이 훨씬 더 많다"고 말할 정도이다. 이런 상황에서 기업의 광고는 소비자들에게 피곤한 정보로 비칠 확률이 높다.

둘째, 기업 측면에서는 소셜미디어 서비스 채널이 급증하면서, 고객과 커뮤니케이션을 해야 할 채널이 늘어나고 그에 따라 운영 업무 역시 급속히 증가하는 상황에 직면했기 때문이다. 급변하는 소비자의 디지털 채널 이동을 쫓아가는 기업에 요구되는 노력이 증가한 것이다. 알티미터 그룹Altimeter Group에서 조사한 바로는 기업당 관리해야 하는 채널 계정이 평균 178개에 이른다고 한다. 변화에 신속한 대응이 가능한 온드 미디어 중심의 미디어 채널을 구축하는 것이 더 유리해진 측면이 있다.

마지막으로 매체비의 급격한 증가 때문이다. 매체가 다양화, 다변화되면서 광고를 집행해야 할 미디어는 늘었지만, 효과는 장담할 수 없는 상황이어서 외부 채널에 매체비를 투입하여 광고하는 예산을 온드 채널 콘텐츠 제작에 투입하는 것이 효율적이라는 결론을 내렸다.

브랜드 저널리즘을 가장 잘 실행하는 기업으로는 코카콜라가 손꼽힌다. 코카콜라는 2013년 론칭한 코카콜라 저니Journey를 통해 코카콜라에 대한 모든 것을 전달하고 있다. 코카콜라 기업뿐 아니라 직원들

글로벌 소비재 기업 광고·판촉비 비중 변화 (단위: %)

전년도 대비(2017년 현재)
자료: 크레디트 스위스

에 관한 이야기, 코카콜라를 좋아하는 소비자 이야기까지 코카콜라와 관련된 다양한 콘텐츠를 지속적으로 쏟아 내고 있다. 특히 오프너The Opener라고 하는 디지털 인플루언서 집단을 통해 음식, 문화 분야의 다양한 이야기를 전문적인 시각에서 해석한 콘텐츠를 정기적으로 포스팅한다.

코카콜라 저니는 기업과 이벤트 전용 콘텐츠가 전체 콘텐츠의 25%를 차지하고 그 외 대부분은 소비자가 주도적으로 제작하는 콘텐츠로 이뤄진다. 세계적으로 월평균 1000개 이상의 콘텐츠가 포스팅되며 월평균 120만 명이 코카콜라 저니 사이트를 방문하고 있다.

세계적인 에너지 음료 제조회사인 레드불의 설립자 디트리히 마테시츠Dietrich Mateschitz는 이렇게 말했다.

"레드불은 어쩌다가 에너지 음료를 팔고 있는 미디어 기업이다."

이 말을 처음 들은 사람들은 굉장히 의아할 것이다. 스포츠 마케팅을 이토록 열심히 전개하는 레드불이 음료 제조회사가 아니라 미디어 회사라니, 인상적이지 않을 수 없다.

레드불은 2007년 레드불 미디어 하우스를 설립하고 "기업이 곧 미디어"라는 새로운 개념을 내놓은 혁신적 기업으로 평가받는다. 회사의 모든 커뮤니케이션과 미디어를 결합해서 영상, 잡지, 스포츠 중계 등 다양한 형태의 콘텐츠를 자사의 미디어 하우스를 통해 배포하는 것이다. 물론, 콘텐츠 대부분은 레드불의 브랜드 DNA에 최대한 맞춰 역동적이고 생동감이 넘친다.

레드불은 2012년 '레드불 성층권 점프Red Bull Stratos'라는 소위 레드불 우주 점프 이벤트를 통해 레드불의 도전 정신과 역동성을 시청자들에게 생생하게 전달한 바 있다. 극한 상황에 도전하는 이야기를 레드불의 콘텐츠로 절묘하게 포장하여 배포함으로써, 레드불의 세계적 위상을 여실히 보여주었다. 이 이벤트로 레드불은 동시 시청 750만 명, 50개국 103개 매체에 광고비 추가 집행 없이 브랜드의 메시지를 전달할 수 있었다.

브랜드 저널리즘을 쉽게 설명하기 위해 아웃도어 재킷을 판매하는 기업을 예로 들겠다. 일반적으로 아웃도어 판매 기업에서 재킷을 팔 때 "특수 방수 코팅이 된 가벼운 재킷이 있습니다"라는 광고로 자사 제품을 홍보한다.

더 나아가서는 "여기 이 멋지고 가벼운 재킷을 입는다면, 시애틀의 가을 정취를 제대로 즐길 수 있습니다"라는 식의 메시지로 광고를 전달하는 방법이 있을 것이다. 하지만 브랜드 저널리즘에서는 "여기 이렇게 멋진 전경이 펼쳐진 여행지, 시애틀을 소개합니다"라는 식으로 브랜드나 제품을 직접 언급하지 않고 자연스럽게 브랜드의 가치를 전달한다.

만약 자동차 회사에서 브랜드 저널리즘을 활용해 콘텐츠를 제작한다면, 여름철 자동차 관리법이나 중고차를 현명하게 사는 법과 같은 유익한 정보에 브랜드 콘텐츠를 결합하여 전달하는 방식이 될 것이다. 기업 자체가 미디어이기 때문에, 브랜드를 직접 언급하지 않아도 메이커의 채널을 통해 자연스럽게 메시지를 전달할 수 있다.

브랜드 경험을 광고가 아닌 콘텐츠로 전달함으로써 소비자가 자연스럽게 브랜드를 인식하도록 하는 것이다. 디지털플랫폼이 너무 다양해져서 사실상 모든 기업이 일정 부분 미디어 기업의 역할을 할 수밖에 없는 상황이다.

기업은 미디어 회사가 되는 법을 배워야 하고, 마케터는 미디어 기업의 일원으로 콘텐츠를 제작하는 역량을 갖추어야 한다. 미디어 기업이 된다는 것은 기존의 미디어 기업과 같이 수많은 콘텐츠를 제작할 수 있는 프로세스를 갖추어야 한다는 말과 동일하다.

최근 PR업계에서는 브랜드 저널리즘, 콘텐츠 마케팅을 넘어 브랜드 퍼블리싱이라는 용어를 쓴다고 한다. 저널리즘의 콘텐츠 제작 방식을 추구하지만, 전통의 저널리즘으로 보기 어렵기 때문이다. 메이커가 만들어 내는 콘텐츠는 객관성을 담보할 수 없으므로, 브랜드 퍼블리싱이라는 개념 아래 PR업계와 협업하는 방식으로 브랜드 저널리즘을 실천하는 기업들이 생겨나리라 예상한다.

많은 콘텐츠가 시장에 나와 있고, 콘텐츠는 소비자의 선택을 받기 위해 더 재미있고 흥미롭게 만들어지고 있다. 사람들은 볼 만한 콘텐츠만 찾아서 본다. 매체를 통해 일방적으로 노출되는 콘텐츠를 보지 않을 선택지를 소비자가 능동적으로 가진다.

이러한 흐름이 그저 유행이 아님을 넷플릭스의 성공에서 여실히 알 수 있다. 소비자·시청자에게 유익하지 않은 콘텐츠는 이제 설 자리를 점차 잃고 있다. 이런 상황에서 브랜드 저널리즘은 새로운 시각을 제시하는 새로운 시도이다.

그동안 기업들에서는 홈페이지를 구축하고, 페이스북과 같은 소셜 미디어 채널을 운영하는 것을 디지털 마케팅의 주요 업무로 여겨왔다. 하지만 이미 레드불과 같은 혁신적 기업은 브랜드 저널리즘이라는 새로운 방법으로 디지털 미디어를 해석하고 활용하고 있다. 브랜드 저널리즘은 디지털 시대가 원하는 궁극의 기업 커뮤니케이션 방법일지도 모른다.

ON YOUTUBE

레드불 성층권 점프를 촬영한 「펠릭스 바움가르트너의 초음속 자유낙하 Felix Baumgartner's supersonic freefall」는 레드불 미디어 하우스에서 만든 역대급 영상이다. 전 세계에 레드불의 존재감을 부각한 글로벌 이벤트였을 뿐 아니라, 레드불이 어떤 회사를 지향하는지 명확하게 각인한 기회였다.

앞서 아무도 시도하지 않고 시도하지 못한 대형 이벤트를 구현하여 사람들에게 전율을 불러일으켰다. 단순해 보이지만 무려 3년 동안 준비하고 두 차례 시험을 거쳐 비로소 완성한, 인류의 도전 정신을 보여준 위대한 영상이다.

OPTION

02

똑똑한 광고주, 더 똑똑한 소비자

광고 회사는 기업이나 단체의 광고를 창작하여 여러 매체를 통해 배포하는 일련의 마케팅 커뮤니케이션 활동을 수행하는 전문가 집단이다. 흔히, 광고대행사의 규모를 평가할 때는 매출이나 이익이 아닌 취급고의 개념을 사용한다. 기업에서 TV나 인쇄매체 광고를 집행할 때 매체사에 지급하는 매체비 전체를 광고 규모로 보고 해당 광고 규모를 합산한 개념인 취급고를 광고 회사의 실적으로 간주하는 것이다. 그러다 보니, 광고대행사에서는 같은 소재를 쓰더라도 TV광고와 신문광고를 되도록 많이 집행하도록 유도하는 것을 광고대행사 AE의 중요한 능력으로 평가해왔다. 실제 새로운 변화와 시도는 광고대행사의 상징이 아니다. 광고주를 TV광고와 인쇄광고에 가능한 한 오래 붙들어두는 것이 광고대행사에 유리하다고 판단한다면 어서 빨리 그런 판단에서 벗어나야 한다.

종합 광고대행사의 어려움은 어제오늘의 일이 아니다. 광고주는 점점 똑똑해지고, 중소 광고 회사는 디지털 기반의 새로운 광고 기법으로 광고주를 설득하고 있다. 일부 광고주는 이미 광고대행사의 일을 내부 마케팅 조직에서 수행하게 하고, 중소 광고 회사는 낮은 인건비를 무기 삼아 노동집약적 서비스를 제공하는 데 주저하지 않는다.

"업계는 과거이고, 고객은 미래이다. 경쟁업체가 아니라 고객에 집중하라. 가장 많은 것을 가르쳐주는 것은 고객이다. 한 기업이 시장에서 도태되는 것은 경쟁업체가 아닌 고객에 의한 것이다."

– 야나이 다다시

지금 광고주는 과거와는 전혀 다른 방식으로 일한다. 더 이상 광고대행사의 말을 곧이곧대로 믿지 않고, 스스로 할 수 있는 일을 찾아 수행하는 광고주로 변하고 있다.

요즘 광고주는 스스로 전략을 강화하고 있다. 광고대행사에서 제시하는 마케팅 전략은 너무 제한적 범위의 전략임을 이미 깨달은 것이다. 또 단순히 커뮤니케이션 영역의 마케팅이 아니라 브랜드와 고객이 만나는 전체 고객 경험을 마케팅 전략 수립에서 고려해야 한다는 것을 알게 되었다. 그렇기 때문에 스스로 커뮤니케이션 세부 전략을 수립하고 전체 업무를 세분화하여 마케팅을 수행하고 있다.

예를 들어 과거에는 종합 광고대행사를 선정하여 영상광고물과 인쇄광고물 시안을 제안받고, 그 제안을 검토한 다음 해당 광고대행사를 통해 TV광고, 라디오광고, 인쇄광고를 집행했다. 메이커의 광고주는 제안받은 광고안을 검토하고 결정하여 광고대행사에게 집행을 지시하는 단순한 업무 프로세스를 관리했다.

하지만 지금 브랜드 마케터는 종합 마케팅 커뮤니케이션 전략과 콘텐츠 개발 방안을 스스로 수립하고, 콘텐츠 키워드 도출 과정에 참여해야 하며, 검색 최적화에 직접 관여해야 한다. 과거에는 TV광고를 집행할 때 대행사를 통해 집행했지만 이제 페이스북 같은 SNS 디지털 매체의 경우 직접 관리 계정을 부여받아 광고를 집행하고, 광고 효율성을 날마다 분석하여 디지털 매체에서 광고를 집행하는 타이밍을 조절하는 역할을 해야 하는 상황이다. 또한 빅데이터 솔루션을 구입해서 커뮤니케이션에 필요한 데이터를 자체 분석한다. 소셜 마케팅 팀을 자체 구성하여 소셜 채널 전체를 관리하기도 한다. 특히 이 분야는 광고대행사 입장에서도 큰 수익을 기대하기 어렵다. 심지어 커뮤니케이션에 필요한 소프트웨어 개발까지 내부 자원을 활용해 진행하는 기업도 늘고 있다.

샤넬이 더 이상 우리나라에서 인쇄광고를 하지 않기로 했다고 한다. 광고 성과를 투명하게 측정할 수 없는 매체광고를 지양하고, 젊은 고객들을 만날 수 있는 디지털 채널로 이동함으로써 과학적인 마케팅 데이터를 확보할 수 있는 커뮤니케이션 방향을 선택한 것이다.

2000년대 말만 해도 광고 회사의 주된 고민은, 경기침체로 인한 광고 수주 감소, 대형 광고대행사의 광고 독점 등 시장의 구조적 어려움에서 비롯하는 경우가 많았다. 하지만 지금 광고대행사의 어려움은 트렌드의 너무 빠른 변화 속도에 대응하지 못하는 측면에 기인하는 바가 크다. 기존 사업 구조가 대기업만큼이나 공고한 종합 광고대행사 경우에는 새로운 디지털 변화를 따라가기 버거운 것이다.

하지만 이러한 상황에서도 새로운 변화를 적극 수용하는 에이전시들이 생겨나고 있다. 글로벌 1위 광고대행사인 WPP의 회장 마틴 소렐Martin Sorrell은 디지털 커뮤니케이션 역량을 강화하여 WPP 그룹의 디지털 부문 매출을 48%까지 끌어올릴 계획이라고 한다. 세계 2위 대행사인 퍼블리시스는 2018년 내에 매출의 상당 부분을 디지털에서 달성하겠다고 한다. TBWA코리아는 DANDigital Arts Network이라는 디지털 커뮤니케이션 전문 부서를 2016년에 만들어 각종 디지털 광고 커뮤니케이션을 진행하고 있다. 캠페인에 적합한 디지털 기술을 먼저 고민하고 크리에이티브 제작물을 산출하는 방법으로 일하는 디지털 기반의 크리에이티브 제작 부서라고 한다. 제일기획은 2014년 빅데이터 관점의 소비자 인사이트를 도출하는 제일DnAData and Analytics센터를 오픈하여, 자체 소셜미디어 분석 시스템SMA, Social Media Analytics을 운영하고 있다. 또한 신규 사업 전담 조직인 비욘드Beyond 본부를 별도 구성하고, 기존 광고 기반의 비즈니스에서 벗어나 디지털 기반의 새로운 커뮤니케이션 솔루션을 찾아내려는 노력을 하고 있다.

직관적이고 인문학적인 크리에이티브에서 디지털 기술을 연계한 솔루션으로 크리에이티브의 변화가 급속도로 진행되는 모습은 여러 광고제에서 확인할 수 있다. 2017년 부산국제광고제의 주제는 '창의성과 기술의 만남'이었다. 디지털 기술과 창의력이 만났을 때 구현될 수 있는 다양한 크리에이티브 광고물을 초청하여 선정하겠다는 의도를 예상할 수 있다. 칸 국제광고제 사무국은 2013년에 이노베이션 라이언Innovation Lion이라는 시상 항목을 신설했다. 변화하는 디지털 환경에서 디지털 기술을 연계하는 새로운 시도를 하려는 광고대행사가 늘고 있다는 것을 단적으로 보여주는 사례이다. 이러한 시도를 통해 대중의 관심 끌기와 긍정적 브랜드 이미지 구축에 성공하는 사례가 자주 발생하고 있다.

삼성전자의 '룩앤미Look at Me' 캠페인은 자폐 아동의 의사소통을 돕는 앱을 개발하여 기술과 휴머니즘이 잘 조화된 캠페인으로 평가받아 칸 국제광고제에서 수상한 데 이어 스파이크스 아시아 광고제에서 그랑프리를 받았다.

현대자동차 그룹에서 진행한 2015년 '고잉홈Going-Home' 캠페인과 2017년 가을 '재잘재잘 스쿨버스' 캠페인은 크리에이티브를 가상현실 기술과 최신 디스플레이 기술로 구현한 사례이다. 고잉홈 캠페인은 1주일 만에 1200만 조회를 기록하며 2016 칸 국제광고제 최종 후보작에 올랐다. 고잉홈 캠페인은 실향민인 김구현 할아버지가 꿈에서라도 가고 싶은 고향집을, 가상현실과 3D 매핑 기술을 이용하여 방문하는 여정을 담은 캠페인으로, 디지털과 메시지를 조화롭게 결합하여 상상을 구현한 사례이다. 재잘재잘 스쿨버스 캠페인은 청각장애 어린이들이 상상력을 펼치는 '소통의 도구'로 창문을 활용할 수 있게 함으로써 따뜻한 감성을 전달하는 커넥티드 카를 아이들과 소비자들이 체험할 수 있게 했다. 이 캠페인은 현대자동차 그룹의 다양한 미래 기술과 함께 사회에 대한 따뜻한 관심을 간접적으로 보여줌으로써 긍정적인 브랜드 이미지 형성에 기여했다.

2017년 슈퍼볼에서 현대자동차가 진행한 '어 베터 슈퍼볼A better Super Bowl' 캠페인 광고는 360VR 촬영 장비를 활용해 해외파병을 나간 군인이 가족과 재회하는 장면을 실감 나게 그려서 미국을 비롯한 세계 각국에서 큰 호평을 받았다.

에스파냐의 NGO 단체에서 진행한 '자유를 위한 홀로그램Hologram for Freedom'은 에스파냐 정부의 '시민 안전법'에 반발해 고안한 아이디어이다. 시민 안전법은 의회를 비롯해 주요 국가기관 앞에서 대규모 시위를 금지한 법이다. 이 단체는 홀로그램 기술을 활용하여 에스파냐 마드리드 의회 앞에서 가상 시위를 펼치면서 법을 위반하지 않고도 정부에 강력한 의사를 표함으로써 세계의 관심을 끌었다.

"일류 기업이 과거에 성공을 거두는 데 도움을 주었던 제품, 프로세스, 조직 형태가 이제는 파멸의 원인이 되는 경우가 많다. 여기서 생존 기업이 되는 제1 법칙은 뚜렷해진다. 즉 과거의 성공을 미래의 가장 위험한 요소로 파악해야 한다."

– 앨빈 토플러

왜 광고대행사가 변해야 하는가? 바로 모바일과 디지털이 이겼기 때문이다. 기존 광고 방식의 패러다임이 졌기 때문이다.

이제 광고대행사라는 명칭을 과감하게 버려야 할 때가 되었다. 전통 기법의 광고를 연상시키는 현재 명칭으로는 디지털 시대에 커뮤니케이션 전문가 그룹의 위상을 지켜낼 수 없다. 현재의 마케터가 앞으로도 계속 일하기 위해서는 디지털 마케팅 컨설턴트로 그 역할을 전환하거나, 상품 기획을 하거나, 비즈니스 모델을 구축하는 일을 해야 할지도 모른다. 하지만 그 전에 디지털 기술과 디지털 시대의 커뮤니케이션의 정의를 명확히 내려야 한다. 디지털을 중심으로 하는 새로운 광고 커뮤니케이션에 대해 전향적인 시각 변화 없이는 그저 과거의 마케터에 머무를 수밖에 없다.

1990년대 광고 회사는 광고에 필요한 모든 기능을 다 갖춘 기업이었다. 광고 전략을 짜는 전문가 AP들이 있고, 광고주를 대상으로 영업하는 직원들이 있었다. 직접 광고를 촬영하는 PD들과 크리에이티브를 짜내는 CD, 그들이 만들어 낸 광고물들을 매체에 노출하는 미디어 플래너까지, 광고 제작 의뢰가 들어오면 관련된 모든 일을 내부에서 수행할 수 있는 구조였다.

최근의 광고 회사 구조는 과거와 크게 달라졌다. 제작 기능의 상당 부분을 외주업체에 맡기고, 전략과 미디어를 중심으로 소위 돈 되는 구조를 지향한다. 최근에는 신사업 개발 팀과 같이 새로운 먹거리를 발굴하는 팀이 없는 광고대행사가 없을 정도로 새로운 기회를 발굴하는 쪽으로 관심을 기울이고 있다. 몇몇 광고대행사는 자체 콘텐츠 개발이나 직접 제품을 판매하는 영역으로까지 업무 범위를 넓히고 있다.

이는 무엇을 의미할까? 현재의 광고 시장이 새로운 시대로 진입했다는 것을 의미한다.

믿음직스럽던 대중매체의 영향력이 디지털 시대에 들어와서 급격히 약해지고, 틈새를 파고들던 디지털 중심의 미디어는 소비자의 미디어 소비 변화 패턴에 맞춰 그 영역을 급격히 확대하고 있다.

기존 마케팅 퍼널에서 인지부터 구매까지 순차적으로 이루어지던 고객 구매 여정은 기존에 없던 많은 변수를 만나 틀어졌고, 급기야 전통 매체를 통한 광고 효율을 보장할 수 없게 되었다.

과거 우리는 TV에서 본 제품을 마트 매대에서 만나면 반갑게 집어들던 시대에 살았다. TV광고 제품이라는 전단지 표시를 유의미하게 받아들였던 것이다. 하지만 그런 시대는 이미 끝났고, 다시 돌아오지 않을 것이다.

광고를 신뢰하지 않는 소비자, 나아가 광고를 보지 않는 소비자에게 광고는 의미 없는 자화자찬의 몸부림에 지나지 않는다.

OPTION

03

광고대행사, 변해야 살아남는다

미국 최대의 광고 회사 옴니콤은 총매출액에서 광고가 차지하는 비중이 43%에 불과하다. 경기 등락에 따라 매출 변화가 심한 광고에만 집중하는 것이 아니라, 기업 커뮤니케이션의 전체 프레임을 짜고 전략을 개발하는 역할로 변화한 것이다. 옴니콤은 광고 에이전시라기보다는 마케팅, 컨설팅, 브랜드 가치 수단 개발 등의 업무를 수행하는 마케팅 전략 회사가 되었다. 존 렌 회장은 옴니콤을 순수 광고 에이전시가 아니라 포브스 선정 세계 400대 기업으로 안정적 재무구조를 갖춘 회사로 변화시켰다. 이에 따라 옴니콤은 불경기에도 불구하고 총매출에는 큰 타격을 입지 않았다.

"문제를 지나쳐버리는 것은 당신의 기업을 죽이는 가장 확실한 길이다."

– 제인 애플게이트Jane Applegate

얼마 전 광고업계에 놀랄 만한 소식이 하나 전해졌다. 2017년 제64회를 맞은 세계 최대의 광고제 칸 국제광고제에서 전 세계 130개국에 지사가 있는 세계 5대 광고 회사 퍼블리시스 그룹이 2018년부터 칸 국제광고제를 포함해 모든 국제 광고제에 참가하지 않겠다고 선언했다. 광고업계나 마케팅 영역에 몸담은 사람이라면 누구나 잘 알고 있는 칸 국제광고제에 대형 광고 회사가 불참한다는 것은 많은 뜻을 내포한다.

퍼블리시스 그룹 회장 아르튀르 사둔은 국제광고제가 퍼블리시스에는 더 이상 필요하지 않다고 선언하면서, 인공지능 플랫폼 마르셀Marcel을 소개했다. 마르셀은 머신러닝을 기반으로 200가지 역할로 분류된 퍼블리시스 내 인적자원을 맞춤형으로 활용할 수 있는 방식을 광고주에게 제공하는 구실을 한다. 특정 기업이 퍼블리시스에 업무를 의뢰하면 전 세계에 흩어져 있는 퍼플리시스 직원 8만 명 중 가장 적합한 인원을 해당 업무에 배치하는 식이다. 칸 국제광고제에 불참하겠다는 것은 그동안 칸 국제광고제 수입의 10%를 지출한 퍼블리시스가 그 비용을 바로 마르셀과 같은 새로운 플랫폼에 투자하겠다는 것을 의미한다.

칸 국제광고제는 세계 최고의 광고제로서 광고인들이 가장 가고 싶어 하는 축제이다. 1인당 참가비만 해도 최고 1만 달러에 이르며, 한 회당 행사 수입은 6000만 파운드에 이르는, 세계에서 가장 화려한 광고 축제이다. 그런데 2017년 칸 국제광고제 출품작은 4만 1170개로 2016년에 비해 4%나 감소했다. 칸 국제광고제 수입의 대부분이 광고 업계에서 내는 후원금, 출품료, 참가비이기 때문에, 거대 광고 회사의 불참은 이 행사에 큰 위기 요인이다.

디지털 시대의 광고는 너무 빠르게 변화한다. 더 이상 전통적인 크리에이티브 광고만으로 소비자를 설득할 수 있는 시대는 지나갔다. 디지털 기술을 기반으로 새로운 크리에이티브 광고에 대한 고민뿐 아니라 데이터를 분석하고 디지털 트렌드를 해석하는 능력이 모든 광고인에게 필요한 상황이다.

ON YOUTUBE

2010년에 유튜브에 포스팅된 사치 앤드 사치의 「지구상 마지막 광고 대행사The Last Advertising Agency on Earth」 영상은 광고대행사에 여전히 유효한 의미를 전한다. 이 영상은 광고대행사가 그 역할을 광고 크리에이티브 기획, 제작, 미디어 집행에 한정한다면 더 이상 생존할 수 없다는 점을 경고한다. 광고대행사가 더 이상 기존 방식으로 일하면 안 된다는 점을 알려주고 있다.

IT 솔루션사에서 확장하고 있는 프로그래매틱 광고Programmatic Advertising는 기존 미디어 전문가의 자리를 빠르게 대체할 것이다. 인공지능 크리에이티브 능력은 인간의 크리에이티브 업무 영역을 넘보고 있다.

이미 광고계에는 오라클, 어도비와 같은 IT 솔루션 기업과 딜로이트Deloitte, 액센추어Accenture 같은 컨설팅 회사가 광고에 대한 새로운 접근법으로 광고주를 설득하고 있다. 구글이나 마이크로소프트 같은 혁신 IT 기업들은 이미 국제광고제에서 독자적인 마케팅 솔루션을 적극 홍보하고 있다. IBM 같은 컨설팅 회사가 디지털 기반의 커뮤니케이션 서비스 진출에 최선을 다하는 것은 디지털 변화를 해당 업계의 새로운 기회로 보고 있음을 반영한다.

IT 기업이, 컨설팅 기업이 광고 영역에서 새로운 기회를 발굴하는 동안, 우리나라의 대기업 계열사인 종합 광고대행사는 새로운 기회를 발굴하지 못한 채 기회를 점점 잃고 있다. 모든 광고대행사는 변해야 한다. 새로운 시대가 요구하는 새로운 역할을 스스로 부여해야 한다.

광고대행사의 종말은 이미 예견되었다. 광고는 끝났다. 디지털 DNA를 모든 임직원에게 심어놓지 않는다면 이 시대의 마케팅 커뮤니케이터의 위치는 사라질 것이다.

OPTION

04

그래도 남은 마케터의 일

마케팅, 홍보, 광고의 구분이 무의미해지고 있다.

고전적인 경영학 관점에서 보면 마케팅은 홍보와 광고보다 큰 개념이다. 마케팅은 커뮤니케이션 부문에만 한정된 개념이 아니다. 마케팅의 4P가 제품, 가격, 유통, 프로모션인 만큼, 마케팅은 좀 더 넓은 개념으로 보는 것이 바람직하다. 4P 중 프로모션의 일부 활동이 광고라는 커뮤니케이션 활동으로 이어지기 때문에 광고는 마케팅을 수행하기 위한 일부 활동으로 보는 것이 적절하다.

그에 반해 홍보Public Relationship는 일반적으로 신문사나 방송국과 같이 언론 기능을 담당하는 전통 미디어를 커뮤니케이션 대상으로 보는 관점에서 나온 개념으로, 영어 그대로 공적 관계를 유지, 관리하는 기능이다. 홍보는 광고를 수단으로 활용하기도 한다. TV에서 자주 보는 기업 이미지 광고가 홍보에 속한다고 볼 수 있다. 그 개념이 기업의 위기관리 영역까지 포함하는 경우도 많아서 홍보를 마케팅의 하위 개념으로 볼 수 없고, 오히려 대등한 지위로 보는 시각도 있다. 따라서 마케팅과 홍보는 비교할 수 있는 카테고리가 아니라고 보는 것이 무난한 접근이라고 생각한다.

광고와 홍보의 차이는 무엇일까? 일반적으로 광고는 소비자의 관심과 구매를 유도하는 커뮤니케이션 행위라고 보는 시각이 많으며, 홍보는 기업을 알리는 측면과 기업의 긍정적 이미지를 확대하는 접근으로 보는 경향이 강하다.

전통적인 관점에 의하면 광고는 매체사에 비용을 지불해야 하는 활동이며, 해당 매체의 구좌를 구매한 광고주가 지면 혹은 구좌에 대한 집행 권리를 가지므로 광고 내용을 기업이 결정할 수 있다는 것이 기본 조건이다.

미국 마케팅협회는 1963년 "광고란 누구인지를 확인할 수 있는 광고주가 하는 일체의 유료 형태에 의한 아이디어, 상품 또는 서비스의 비대개인적非對個人的, non-personal 정보 제공 또는 판촉 활동이다"라고 정의했고, 미국 S. 왓슨 던S. Watson Dunn 교수는 1969년 저서 『Advertising: Its Role In Modern Marketing』에서 "광고란 광고 메시지 속에 어떤 형태로든 밝혀져 있는 기업이나 비영리기관 또는 개인이 여러 매체에 유료로 내는 비대개인적 커뮤니케이션이다"라고 정의했다. 한국광고

학회에서는 1994년 "광고란 광고주가 청중을 설득하거나 영향력을 미치기 위하여 대중매체를 이용하는 유료의 비대면적인 의사전달 형태이다"라고 정의했다. 광고에 대한 이들 정의는 모두 일정한 비용을 집행하며 비대개인적이라는 공통점을 지닌다. '비대개인적' 혹은 '비대인적'이라는 낱말은 쌍방향 커뮤니케이션이 아니라 일방적 커뮤니케이션One-way communication이라는 의미이다.

홍보는 개인이나 기업, 단체가 이익을 얻기 위해 매체를 빌려 생각이나 계획, 활동, 업적 등을 널리 알리는 활동이다. 많은 경우 기업의 홍보 목적은 여론을 관리하는 데 있다.

협의의 관점에서 홍보를 이야기하면, 기업에서는 홍보를 비용을 지불하지 않는 개념으로 이해하기 쉬우나 실제로는 비용이 발생하기 마련이다. 홍보의 경우 매체사, 언론사가 해당 기사의 소유권을 가지기 때문에 기업이 홍보물의 노출을 결정할 수 없다. 신뢰성 있는 언론사의 입을 빌려 커뮤니케이션하는 것이기 때문에, 소비자는 광고보다 홍보를 신뢰하는 경향이 강하다.

광고의 역사가 시작된 순간부터 지금까지 우리는 광고를, '넓을 광廣'이라는 한자 뜻 그대로 넓게 대중을 상대하는 커뮤니케이션이라 이야기해왔다. 하지만 개인화된 마케팅이 가능한 시대의 광고는 개인화된 커뮤니케이션을 포함하는 개념으로 그 의미가 넓어졌으며, 일방적 커뮤니케이션이 아니라 디지털과 소셜미디어를 만나 상호적인 커뮤니케이션 환경을 고려한 형태로 진화하고 있다. 앞에서 소개한 기존 광고의 정의도 새로운 디지털 환경에 맞게 재정의되어야 한다.

홍보는 어떠한가. 디지털 시대에 이르러 홍보의 대상이 점차 대형 미디어사에서 파워블로거와 같이 영향력 있는 개인으로 바뀌고 있다. 경우에 따라서는 신뢰도 높은 1인이 언론사보다 더 큰 영향력을 발휘하기도 한다. 그렇기 때문에 홍보 활동이 때로는 광고 활동과 다를 바 없는 상황이 되고 있다.

과거에는 홍보와 광고에서 뚜렷하게 구분되는 서로 다른 채널과 콘텐츠를 활용했다. 심지어 이러한 채널과 콘텐츠의 상이성 때문에 기업은 광고에서는 '갑'이지만, 홍보에서는 '을'이라는 우스갯소리가 있을 정도로 그 구분이 명확한 편이었다. 하지만 홍보와 광고에서 유사한 채널을 활용하고 유사한 콘텐츠 제작 형식을 따르면서 광고와 홍보의 구분이 모호해지고 있다.

디지털 커뮤니케이션이 일반화되면서 과거에는 구분되던 채널의 영역이 사라지고, 콘텐츠에서 유사성도 발견된다. 커뮤니케이션 활동이 디지털화된다는 것은 좀 더 세분화된 소비자 또는 집단의 단위로 접근이 가능하다는 의미이기 때문에 언론만을 상대로 삼던 홍보와 광고의 실질적 차이가 점점 좁혀지는 것은 지극히 당연한 것이다. 소셜미디어가 등장하면서 홍보로도 광고로도 정의할 수 없는 영역의 커뮤니케이션 방법과 내용이 등장하고 있다.

이제는 기업의 광고 부문이 홍보의 고유 영역인 기업 위기 관리 영역에서 대응하는 경우도 발생하고, 홍보 영역에서는 '마케팅 홍보'라는 개념이 생겨 홍보가 광고화되는 경향도 나타난다. 홍보나 광고 모두 대중을 대상으로 하는 설득 커뮤니케이션이라는 점에서는 유사하다.

"마케팅의 역할은 사람들의 충족되지 못한 니즈들을 찾아내어 그것을 충족시킬 만한 매력적인 새로운 방법들을 창조해 내는 것이다."

– 필립 코틀러

마케터는 홍보와 광고, 그리고 마케팅을 어떻게 보아야 할까. 이제 홍보는 홍보 부서에서, 광고는 광고 부서에서 수행한다는 부서 기준으로 구분되는 업무로 볼 것이 아니라 통합적 관점에서 보아야 한다. 이미 마케팅, 홍보, 광고의 경계는 모호해졌다.

기업들은 브랜드 저널리즘이라는 개념으로 PR과 브랜드 광고의 구분을 스스로 벗어나는 시도까지 하고 있다.

TV광고, 하지 마라. 멋진 단어들이 브랜딩을 망치고 있다. TV광고와 신문·잡지광고에 나오는 브랜드 메시지는 너무 유려하고 화려해서 소비자와는 동떨어진 세계의 이야기같이 느껴진다. 마치 장막으로 가린 브랜드를 짠 하고 소개하는 듯한 광고들은 그 깊이가 너무나 깊어 뛰어들기에는 두려운 바다같이 느껴진다. 가장 쉽게 이해할 수 있는 단어들과 명료한 스토리로 접근하는 것이 더 좋은 브랜드 메시지를 만들 수 있는 방법이다. 멋진 단어들로 브랜드를 가리면 가릴수록 그 안개 속에서 진정한 의미의 브랜드 메시지를 만나기는 더 어려워진다.

결론적으로 모든 것이 마케팅이다. 그렇기 때문에 TV광고는 더 이상 가장 중요한 마케팅 커뮤니케이션 활동이 아니다.

소비자 스스로 미디어가 되고, 소비자 스스로 브랜드 홍보 대사가 되는 시대에 마케팅의 경계가 희미해지고 있다.

신문에 게재된 기업 관련 기사가 신문사의 객관적 시각으로 작성되었다는 것을 믿는 독자는 이미 없고, 홍보성 기사를 정보로 받아들이는 것 또한 익숙해졌다. TV광고가 하지 못한 것을 이미 디지털은 가능하게 했다. 이제 소비자는 홍보와 광고를 구별하지 않는다. 다만, 나에게 필요한가 아닌가만을 구별한다.

이제 마케터는 기업과 소비자를 동등한 수준에서 이해해야 한다. 상품 자체가 브랜딩이고, 고객 사후 관리가 브랜딩인 시대이다. 앞으로는 솔직함과 진정성이 화려함보다 더 중요한 역할을 할 것이라는 점을 명심하자.

OPTION

05

더 이상 마케터의 자리는 없다

과거 브랜드 광고주들은 일을 잘못 배웠다. 그저 마케팅 관련 프로젝트를 일괄적으로 광고대행사에게 맡기는 방식으로 일했기 때문에, 마케팅 커뮤니케이션 능력을 기르는 데 소홀했다. 즉, 전통 매체의 구조 아래에서 광고주는 커뮤니케이션에 관한 모든 일을 대행사에 맡겨 처리하는 데 익숙했던 것이다.

신입 사원 때부터 이렇게 일한 직원들은 제대로 된 마케팅 실력을 기르지 못하고, 대행사에서 정리한 보고서를 그대로 윗사람에게 전달만 하게 된다. 정확한 마케팅 커뮤니케이션 의뢰 브리프도 제대로 작성하지 못하면서 스스로 마케터라고 칭하는 사람을 발견하기란 어렵지 않다. 제대로 된 기획력을 갖춘 브랜드 마케터를 만나기가 어려운 데에는 이러한 잘못된 갑-을 업무 구조가 있다.

그들은 때로 현실의 변화를 거부하면서 과거의 화려한 영광이 본인의 탁월한 통찰력이 일군 성城이라고 생각한다. 광고대행사가 유명 광고제에서 받은 트로피를 본인들의 탁월한 선택이 이룬 결과라 착각하기도 한다.

"판매와 마케팅은 정반대이다. 같은 의미가 아닌 것은 물론, 서로 보완적인 부분조차 없다. 어떤 형태의 판매는 필요하다. 그러나 마케팅의 목표는 판매를 불필요하게 만드는 것이다. 마케팅이 지향하는 것은 고객을 이해하고, 제품과 서비스를 고객에 맞추어 저절로 팔리도록 하는 것이다."

– 피터 드러커

거대 광고대행사의 막대한 후원으로 운영되는 일부 국제광고제는 이미 후원사들의 나눠 먹기 행사가 된 지 오래이며, 이미 객관성을 잃어버린 경우도 많다. 이들 광고제에서 트로피를 주는 판단 기준은, 정해진 마케팅 지표를 달성했느냐 하지 못했느냐 하는 사안이기 때문에, 소비자가 유튜브에서 보고자 했던 영상 이전에 등장하는 프리롤Pre-roll 광고의 시청 수를 달성하는 데 집착할 수밖에 없다. 이런 관점으로 광고 커뮤니케이션을 지속하는 마케터는 기업에 이롭지 않다.

브랜드의 마케터는 마케팅의 최상단에서 전체 커뮤니케이션 그림을 그릴 수 있어야 한다. 광고 제안을 보고 평가하는 일이 주가 되어서는 안 된다. 아직도 일부 브랜드 마케터들은 화면 자막의 색깔과 크기를 결정하는 것이 본인의 일이라고 생각한다. 또 어떤 마케터는 광고물 제작 현장에서 감독이 촬영을 잘하는지 못하는지 지켜보는 것이 중요한 일이라고 생각한다. 마치 광고를 만드는 사람으로 자신을 포지셔닝하고 광고를 찍는 사람들의 예술적 마인드를 갖고 있는 것처럼 착각하는 것이다.

마케터가 해야 할 일은 감독의 촬영을 지켜보는 것이 아니라, 감독이 더 품질 좋은 영상을 만들 수 있도록 동기를 부여하거나 중요한 메시지를 잘못 해석하지 않도록 관리하는 것이다.

진짜 해야 할 일은 커뮤니케이션의 전체 그림에서 TV광고와 디지털 커뮤니케이션이 해야 할 역할을 구분하고, 타깃 고객들에게 어떤 설득 포인트를 강조할지 판단하는 것이다. 광고대행사가 일을 제대로 하는지 판단하고, 예산이 허투루 쓰이지 않는지 판별하는 능력을 기르는 것이 브랜드 마케터에게 중요하다.

OPTION

06

광고를 혐오하는 세상

광고는 왜 등장하게 되었을까? 제품이나 서비스의 목적과 특장점이 무엇인지 소비자에게 전달하여 소비되도록 만드는 것이 광고의 목적일 것이다. 위키백과에서는 광고를 "명시적인 광고주가 접하는 수용자의 태도를 변화시키려고 매체를 통해 일방적으로 의사전달을 하는 행위"라고 정의한다.

종종 마케팅을 광고 제작으로만 오해하는 마케터가 있다. 물론 큰 범주에서 모든 커뮤니케이션 활동은 마케팅의 일부분이지만 마케팅은 철저하게 기획에서 시작하여 투자수익률ROI, Return On Investment을 확보하는 종합 커뮤니케이션 프로세스이다. 따라서 광고는 소비자의 구매를 촉진하는 것이 그 목적이며, 광고를 통해 회사 제품의 우수성을 강조하여 소비자가 그 제품을 선택할 이유를 만들어주는 것이 광고의 경쟁력이라 할 수 있다.

사실 광고는 새로운 수요를 만들어 내는 데 그 역할을 한다기보다는 다른 회사의 제품 대신 자사 제품을 사도록 만드는 경쟁의 산물에 가깝다. 광고를 옹호하는 전문가들은 광고가 대량소비와 대량생산을 촉진함으로써 제품 가격을 내리는 효과를 낸다고도 말한다. 하지만 광고와 가격 하락의 직접적 연관성은 낮고, 오히려 광고를 제품 가격을 올리는 요인으로 보는 견해가 우세하다.

"사람들은 자신들의 금쪽같은 시간을 '광고가 무엇을 의미하는지' 생각하는 데 쓰지 않는다."

—존 케이플스John Caples

다이슨의 설립자 제임스 다이슨James Dyson은 광고에 대해 극단적인 혐오를 드러내기도 했다. 혁신적이라고 평가받는 회사를 이끌면서도 혁신이라는 용어를 싫어한 나머지 혁신은 마케터들이 기존 기술을 재포장하여 새로운 것처럼 보여주기 위해 만든 용어라고 말했다. 심지어 광고대행사에 대해서는 전혀 창의적이지 않은 기업이라고 언급할 정도였다.

테슬라의 일론 머스크는 혁신적인 제품이 곧 마케팅이라고 이야기한다. 마케팅은 진정한 혁신 제품만 있으면 저절로 이루어진다는 것이다. 혁신적인 제품은 소비자의 니즈와 욕구를 제대로 반영한 제품이기 때문에 광고를 하지 않아도 절로 소비자들이 알아준다는 논리이다. 테슬라는 TV광고를 하지 않는 기업으로 유명하다.

오히려 브랜드 옹호자들이 테슬라 광고를 만들어서 유튜브에 게재한다. 최근 미국 미시간주에 사는 한 초등학생의 요청으로 테슬라의 영상광고를 소비자들이 직접 만드는 '프로젝트 러브데이Loveday' 이벤트를 진행한 것이 유일한 영상광고 사례로 꼽힐 정도이다.

세계 최대의 커피 전문점 스타벅스는 어떠한가? 아마도 이 글을 읽는 독자는 스타벅스의 잡지광고, 신문광고, 옥외광고를 본 기억이 거의 없을 것이다. 오히려 광고보다 스타벅스 간판을 더 자주 보았을 것이다. 마케팅을 잘하지만 광고를 하지 않는 스타벅스는 창업 초기부터 10가지 원칙 중 하나로 '광고하지 말라'는 원칙을 세웠을 정도이다. 광고보다는 공간, 종업원 교육, 그리고 디지털 채널을 통한 고객과의 커뮤니케이션에 투자함으로써 세계 브랜드의 가치 순위를 평가하는 인터브랜드Interbrand 기준 세계 60위, 87억 400만 달러의 브랜드 가치가 있는 기업으로 평가받는다.

이뿐만이 아니다. 크레디트 스위스Credit Swiss에서 조사한 바에 따르면 2017년을 기준으로 많은 글로벌 소비재 기업에서 광고, 판촉비 예산을 대폭 축소하는 추세이다.

높은 비용을 지불하면서 광고하는 이유는 브랜드 인지도 상승을 꾀하고, 이를 통해 매출이 상승할 것이라는 기대가 있기 때문이다. 미국 조사기관 브랜드 에즈Brand Ads가 2015년 슈퍼볼을 시청한 고객 3만

7000명을 대상으로 실시한 조사 결과에 따르면 슈퍼볼 광고를 본 후 그 제품을 구매할 의사가 평균 6% 상승한 것으로 나타났다. 여전히 TV 광고는 위력이 있다. 자사 제품과 서비스를 차별화하는 데 기여하고, 때로는 새로운 문화와 유행을 창조하기도 한다.

광고를 하는 기업들은 자사의 상품과 서비스를 널리 알리는 대중매체 광고를 통해 브랜드 이름을 알리는 동시에 소비자를 설득하는 데 어느 정도 성공해왔다. 한편 광고를 하지 않는 기업들은 광고 대신에 그들만의 방법으로 브랜드파워를 유지한다.

내가 전달하고자 하는 바는 전통 광고를 하지 말고 디지털 광고에만 집중하자는 것이 아니다. 세상에 절대적 방법은 없다는 것을 인정하고, 모든 프로세스를 매뉴얼처럼 수행하던 과거의 커뮤니케이션 관습에서 벗어나자는 이야기이다.

"사람들은 쉬운 것을 원하고, 광고가 그러한 결정을 내릴 수 있게 도와주길 원한다."

– 브루스 바턴Bruce F. Barton

현재 마케터는 소비자와 소통하는 일을 한다. 일방적인 전달이 필요할 때가 있고, 쌍방향 커뮤니케이션이 필요할 때가 있다. 소비자의 라이프스타일이나, 제품·서비스의 특장점, 주요 소비자층 등을 고려하여 커뮤니케이션 채널을 선정하고 프로젝트를 수행해야 한다. TV광고와 디지털 미디어는 경쟁 미디어이거나 대체 미디어 관계가 아니라, 다른 역할을 수행하는 미디어로서 서로 보완하는 관계로 보아야 한다. 2010년 펩시콜라 측은 슈퍼볼 광고를 중단하고 페이스북 등 소셜미디어 광고만을 집행하겠다고 선언했지만, 그 이듬해에 바로 슈퍼볼 광고에 복귀했다.

성공하는 기업들은 TV광고를 보는 시청자를 대상으로 하든지, 페이스북을 즐기는 사용자를 대상으로 하든지 일관된 브랜드 메시지로 소통할 수 있어야 한다. 이미 많은 기업에서 TV광고와 같은 전통 매체와 디지털 미디어의 활용 범위와 내용을 그들 기업 상황과 역량에 맞게 재정리하여 원점에서 다시 추진할 커뮤니케이션 방법을 고민하고 있다. 우리 마케터를 되돌아보자. 너무 익숙한 방법에 안주하려는 것은 아닌지, 새로운 방법을 고민하지 않는 것은 아닌지. 철저한 자기 성찰이 필요한 때이다.

ON YOUTUBE

프로젝트 러브데이는 미국 미시간주에 사는 소녀 브리아 러브데이Bria Loveday의 학교 과제에서 시작되었다. 초등학교 5학년인 브리아가 테슬라에 광고 공모전을 제안하는 편지를 쓰자 자동차 저널리스트인 아버지가 트위터 계정에 이 편지를 올렸고, 이에 테슬라의 일론 머스크 회장이 광고 공모전을 진행하게 되었다.

광고가 필요 없는 마케팅의 시대가 왔다. 제품력 없이 마케팅에만 집중해서는 결코 오래 사랑받는 기업이 될 수 없다. 똑똑한 소비자를 대상으로 얕은 방법을 써서 포장한다면 소비자는 금세 알아채고 그 사실을 사람들에게 전파된다. 별반 다르지 않은데 광고로 화려하게 포장하는 방법은 이제 통하지 않는 시대이다. 단일한 매체로만 광고하는 시대도 끝이 났다. 디지털 커뮤니케이션 기술과 전통 커뮤니케이션 방법을 따로 생각해서는 안된다. 같은 마케팅 전략 안에서 효과적으로 커뮤니케이션 방법을 고민하고 때로는 매체들을 합하여 활용해야 하는 시대가 되었다.

절대적인 마케팅 방법은 존재하지 않는다. 때로는 TV광고가, 때로는 잡지광고가, 때로는 페이스북 광고가 효과적일 수 있다. TV광고는 슈퍼볼 광고처럼 강력하고 단기간에 많은 사람에게 전달되는 장점이 있지만 일방향 커뮤니케이션이고, 디지털 광고는 단기간에 많은 노출은 어렵지만 공유와 쌍방향 커뮤니케이션이 가능하다는 장점이 있다. 어떤 광고 방식이 현재 상황에서 적절한지는 그 상황에 놓인 마케터만이 판단할 수 있다.

4장

마케팅 하지 않는 마케터의 조건

"사람은 걷는 규칙을 배워서 걷지 않는다. 걸음을 시도하고, 넘어지면서 배운다."

– 리처드 브랜슨 Richard Branson

"당신은 창의력을 가지고 있어야 한다. 그러나 그것은 훈련되어야 한다."

– 윌리엄 베른바흐 William Bernbach

OPTION

01

유연성

디지털 시대에 성공적으로 적응했다고 평가받는 레고가 흔들리고 있다.

레고는 소셜미디어를 가장 잘 활용하는 장난감 회사로 알려져 있고, 각종 스마트폰·태블릿 앱 게임과 레고만의 세계관을 보여주는 레고 무비까지 제작하는 등 콘텐츠 마케팅에서도 매우 큰 성공을 일군 기업으로 평가받는다. 그런 레고가 전년 대비 6% 매출 하락이라는 실적 부진을 이유로 전 세계 임직원 약 1만 9000명 중 1400명을 감원하기로 한 것이다.

지금까지 레고는 앞선 혁신을 통해 여느 장난감 회사보다 새로운 환경과 시대에 빠르게 적응해왔고, 소셜미디어의 영향력과 콘텐츠의 힘으로 비디오게임, 영화 등 새로운 비즈니스에서 순조롭게 자리를 잡았다. 그런 레고도 시대의 변화는 막을 수 없는 것 같다. 조사업체 마이클 코언 그룹Michael Cohen Group이 2014년 조사한 바에 따르면 12세 이하 어린이들이 자주 가지고 노는 장난감으로 스마트폰 등 터치스크린을 선택한 비율이 62%이고, 콘솔 게임을 선택한 비율이 48%에 이른다. 블록 장난감을 선택한 비율은 49%였다. 아이들이 선택하는 장난감이 디

디지털 세대 어린이가 놀이에 쓰는 물건

어린이는 블록 장난감보다 터치스크린 기기를 더 자주 가지고 논다.

12세 이하 어린이가 자주 가지고 노는 빈도(중복 선택 허용)

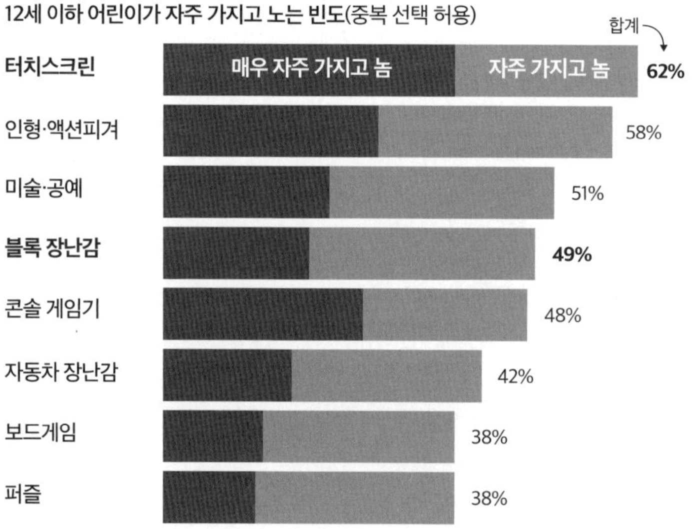

3~12세 자녀가 있는 300명 부모를 대상으로 설문조사

출처: 마이클 코언 그룹

지털 기반의 다양한 놀잇감들로 대체되고 있는 것이다.

여기에 중국산 모조품이 시장에서 절반도 안 되는 가격에 팔리면서 레고의 실적 부진을 부추겼다. 사실 레고는 성공적인 디지털 마케팅으로 위기 상황을 최대한 늦출 수는 있었으나 완전히 막지는 못한 것으로 보인다. 2000년 초반에도 비슷한 위기 상황을 겪었다. 레고는 중국 전자제품의 위세와 비디오게임의 활성화로 심각한 매출 부진에 빠졌다. 하지만 당시 스타워즈 시리즈와의 성공적인 협업을 통해 애니메이션과 테마파크로 사업을 확장하며 시장 확대를 성공적으로 이루어 냈다. 이런 시장 확대 전략이 막다른 길에 이른 것이 현재 위기의 원인이라고 볼 수 있다.

코닥은 디지털카메라를 세상에서 가장 먼저 만든 기업이다. 1975년 디지털카메라 기술을 발명했고, 카메라 시장 흐름이 디지털카메라로 변할 것이라고 정확하게 예측했다. 전성기 시절 영업이익률 70%를 달성하면서 필름 시장에서 최강자로 군림하던 코닥에서 새로운 비즈니스로의 전환은 내부 저항에 부딪힐 수밖에 없었다. 결국, 딴 회사에서 먼저 디지털카메라를 출시하고, 카메라가 장착된 스마트폰 판매율이 급상승하면서 필름 산업 기반의 코닥은 디지털 시대의 빠른 변화에 적응하지 못하고 2012년 파산 신청을 하기에 이른다.

이들뿐이 아니다. 피처폰 제국을 이끈 노키아, 모토로라, 에릭슨과 에너지산업의 강자 엔론 등 시장을 주도하던 기업들도 시대 변화에 적응하지 못하고 사라졌다.

우리나라 사정은 어떠한가? 정보 인프라가 세계 최고 수준이던 우리나라는 모바일 생태계로의 전환을 주저하면서 중국보다 모바일 생태계가 취약한 나라가 되었다.

일본의 무라타 제작소는 변화에 적응하는 기업만이 살아남을 수 있다는 것을 보여주는 사례이다. 무라타 제작소는 공업용 도자기를 생산하던 회사였지만 현재는 전자 산업의 핵심 부품인 콘덴서로 세계 시장의 50%를 점유한 전자기기 회사이다. 기존의 안정된 시장에 만족하지 않고 시장의 요구를 지속적으로 관찰하고 대응하여 수차례 불황기에도 지속적이고 안정적인 성장을 일군 것으로 평가받는다.

무라타 제작소가 안정적 성장을 이루는 이유 중 하나는 회사 내에 치열한 경쟁 체제를 유지한다는 점이다. 회사 내 사업부 간에도 부품과 서비스를 판매하고 구매하는 구조를 유지함으로써 조직의 관료화와 경직화를 예방했다.

또 한 가지 성공 이유는 회사 내 실패를 용인하고 실패의 기록을 자산으로 적극 활용한다는 점이다. 실패는 숨기지 않고 성공의 기반으로 활용하며, 새로운 미래에 대한 투자를 게을리하지 않는다. 지금도 '자전거 타는 로봇'을 개발하는 등 로봇 산업을 준비할 정도로 새로운 시대의 변화에 앞서서 움직이는 기업으로 알려졌다.

또 다른 기업은 얼마 전 전기차 시장 진출을 선언한 영국의 다이슨이다. 전기 청소기의 벤츠라고 불리는, 먼지 봉투 없는 사이클론 청소기로 세계 청소기 시장을 평정하고, 날개 없는 선풍기를 만들어서 가전제품을 혁신한 회사이다. 다이슨은 미국의 전기 청소기 시장 진출 2년 만에 업계 1위 기업이 되었다. 날개 없는 선풍기 에어멀티플라이어로

100년 넘게 이어진 날개 선풍기 시장의 고정관념을 깨뜨렸다. 변화에 끌려가기 전에 먼저 변화를 시도한 것이 다이슨의 성공 비결이다.

신용카드 회사 마스터카드는 모바일 전자 지갑 서비스 마스터패스Master Pass를 운영하면서 이제는 신용카드 회사가 아닌 전자결제 서비스 제공 회사임을 내세운다. 마스터패스에서는 경쟁사인 비자카드를 포함해 모든 카드 정보를 등록할 수 있게 했으며, 스마트폰 앱에 설치되는 결제 서비스를 제공하고 있다.

클레이턴 크리스텐슨Clayton M. Christensen 하버드 교수는 『성공 기업의 딜레마Innovator's dilemma』라는 저서에서 세계적 우량기업이 시장 지배력을 잃는 원인을 와해성 기술disruptive technologies과 존속성 기술sustaining technologies로 설명했다. 존속성 기술은 주력 시장에서 고객들이 기대하는 수준에 맞춰 기존 제품의 성능을 개선하는 신기술을, 와해성 기술은 새로운 고객들에게 높은 평가를 받는 급진적인 기술을 가리킨다. 존속성 기술은 점진적인 경향을 띠지만, 와해성 기술은 또 다른 가치 네트워크를 시장에 낳는다. 종종 와해성 기술은 기존 시장에서 강력한 경쟁력을 발휘하며, 미래 시장에서 높은 경쟁력을 가지는 기반이 된다. 클레이턴 교수는 이 책에서 '달콤한 관성'을 벗어나 새로운 룰을 받아들이고 끊임없는 '와해성 혁신'을 이루어 낼 때 성공하는 혁신 기업이 될 수 있다고 이야기한다.

"과거에는 멋진 서비스를 만드는 데 30%, 이를 알리는 데 70% 시간을 썼다. 새 시대에는 반대이다."

–제프 베조스Jeff Bezos

변화에 유연한 기업만이 살아남을 수 있다. 변화를 기꺼이 받아들이는 마케터만이 치열한 시장에서 생존할 수 있다. 환경이 변하고, 기술이 변하고, 소비자가 변하는 시대이다. 기업이 변하지 않으면, 마케터가 변하지 않으면 도태될 수밖에 없다. 실패를 두려워하지 말자. 다이슨도 5년 동안 5000번 이상 시제품을 만들고서야 첫 번째 전기 청소기 DC01을 개발하는 데 성공했다.

남들이 생각하지 못하는 영역의 혁신만 혁신은 아닐 것이다. 지금 우리 주위에서 일어나는 작은 변화를 감지하고 그 변화를 받아들이는 것에서 바로 혁신은 시작된다. 변화를 수용하는 것만이 그 어느 시대보다 빠르게 달라지는 환경에서 성공을 기대할 수 있는 유일한 전략이다.

미국의 저명한 리서치 그룹인 포레스터 리서치Forrester Research에서는 2020년까지 모든 기업이 디지털 약탈자Digital Predator 또는 디지털 먹잇감Digital Prey 중 하나의 운명을 맞게 될 것이라고 예견했다.

디지털 다위니즘은 다윈의 '종의 기원'을 디지털 시대에 적용한 용어이다. 적자생존 법칙에 따라 디지털 기술에 적응하지 못하는 기업과 제품은 사라지고, 디지털 시대에 적응한 새로운 종이 시장에 나타나는 것을 의미한다. 제대로 진화하지 못하는 기업은 역사에서 사라질 것이라는 의미가 담겨 있다.

찰스 다윈Charles Darwin은 『종의 기원』에서 "결국 살아남는 종은 강인한 종도 아니고, 지적 능력이 뛰어난 종도 아니다. 마지막에 살아남는 것은 변화에 가장 잘 적응하는 종이다"라고 이야기했다. 약탈자가 될 것인가, 먹잇감이 될 것인가.

새로운 환경은 사람을 강하게도, 약하게도 만든다. 공룡은 지구에 닥친 갑작스러운 추위를 견디지 못하고 멸종했지만, 바퀴벌레는 수천 년 넘게 살아남아 견디고 있다.

당장의 일에 파묻혀서는 새로운 변화를 쉽게 받아들이기 힘들다. 지금 하는 일은 그대로 진행하되, 자신을 위해서라도 새로운 과제를 발굴하고 도전해야 한다. 해보지 않은 일이라고 피하면 언제나 지금 하는 일만 할 수밖에 없다. 차가 없는 자동차 쇼룸이 생기고, 인공지능과 대화할 수 있는 챗봇이 만들어진 것도 누군가 새로운 일에 도전했기 때문에 가능했다. 도전해야 새로운 변화에 조금이라도 익숙해질 수 있다. 그런 기회는 스스로 만들어야 한다. 스스로 새로운 과제를 생각해야 하며, 새로운 과제에 가장 앞서서 도전해야 한다.

디지털 시대라고 해서 세상이 0과 1로만 이루어진 것이 아니다.

때로는 디지털이 아닌 세상이 더 아름답고, 더 낭만적이다. LP판이 CD보다 음질이 떨어지지만 LP만이 지닌 감성이 있다. 새로움은 디지털을 의미하는 것이 아니라, 지금 익숙한 것에서 벗어나는 것을 의미한다. 새로운 곳을 방문하자. 새로운 그림을 보러 가자.

아날로그 잡지를 구입하자. 일부러라도 패션 잡지를 구독하거나, 『월간 디자인』과 같은 디자인 잡지를 찾아 보는 것도 좋다. 디지털 커뮤니케이션을 잘하려면 무엇보다 아날로그 감성을 잘 이해해야 하기 때문이다. 세상은 0과 1로만 이루어지지 않았다. 2, 3, 4, 5, 6, 7, 8, 9를 포함한 모든 숫자를 보고 읽을 수 있어야 세상을 제대로 바라보고 이해할 수 있다.

OPTION

02

기술 이해

마케팅은 곧 심리학이라고 이야기하던 시절이 있다. 마케터의 사무실 책상에는 『설득의 심리학』과 같은 심리학 서적들이 놓여 있었으며, 책에 나온 심리학에 기반을 둔 수많은 마케팅 성공 사례를 보면서 무릎을 쳤다.

이제 데이터가 마케터의 감을 앞서는 시대에 들어섰다. 수많은 빅데이터는 소비자가 현재 우리 브랜드에 대해, 해당 시장에 대해 어떤 자세를 취하는지를 적나라하게 보여준다.

마케터는 이런 빅데이터를 올바로 해석하고 인사이트를 발굴할 수 있어야 한다. 때로 빅데이터는 실제와는 다른 현상을 이야기하기도 한다는 점을 인식해야 한다. 예를 들어 여름 시즌에 마트에서 40~50대 남성의 레고 블록 장난감 구매가 늘어났다는 데이터가 실제와 다른 의미를 가지고 있을 수 있다. 연령대를 고려하면 자녀를 위해 레고를 구매하는 어른이 늘어났다고 해석하기 쉽지만, 레고 조립이 취미인 40~50대가 레고에서 출시한 한정판 블록을 구매했을 가능성도 살펴야 한다. 만약 마케터가 해당 데이터를 잘못된 방향으로 해석한다면, 마케팅 자원을 엉뚱한 곳에 쏟아부을지도 모른다. 이 점이 마케터가 시장을 정확하게 해석해야 하는 이유이며, 마케터가 여전히 중요한 이유이다.

"경쟁자만 바라본다면, 경쟁자가 무언가 새로운 것을 할 때까지 기다려야 한다. 고객에 집중하면 선구자가 될 것이다."

– 제프 베조스

변화에 대응하는 마케터는 디지털 환경 변화에 따른 트렌드를 놓치지 말아야 한다.

디지털 마케터는 무엇보다도 먼저 고객, 즉 소비자를 잘 알아야 한다. 디지털 시대에 가장 먼저 고려해야 할 고객층은 여성과 2030 세대이다. 왜 그들을 먼저 알아야 할까. 그들은 디지털 네이티브 세대답게 디지털 커뮤니케이션이 체화된 사람들이다. 그들의 행동과 언어가 디지털 공간에서 유행이 되고, 새로운 트렌드가 된다. 전 세대를 통틀어 디지털 변화에 가장 민감하고 디지털을 가장 잘 활용하는 사람들이다.

디지털 마케터로 살아간다는 것은 분명 쉽지 않은 일이다. 콘텐츠 제작을 위해 크리에이티브 제작에 대한 이해도도 높아야 하며, 데이터를 분석하고 인사이트를 도출하는 수학 통계적 지식도 있어야 한다. 마케터의 기본 자질인 커뮤니케이션 기술도 뛰어나야 하며, 디지털 기술 원리를 이해하는 것도 필요하다. 한마디로 좌뇌형 또는 우뇌형 한쪽으로 치우친 것이 아닌, 멀티 스페셜리스트가 되어야 한다.

가장 먼저 데이터에 대한 이해력이 필요하다. 데이터의 의미를 이해하고, 제대로 그 의미를 설명할 수 있는 사람이 되어야 한다. 즉, 데이터에 대한 통찰력, 그야말로 빅데이터 안에서 목적에 맞는 유의미한 정보를 도출할 수 있어야 한다.

둘째, 데이터를 활용해 마케팅 상황을 해결하는 전략적 솔루션을 제공할 수 있어야 한다. 셋째, 데이터에서 추출한 정보를 마케팅 프로세스에 잘 활용할 수 있어야 한다. 넷째, 데이터를 기반으로 크리에이티브 아이디어를 도출해 내는 능력이 필요하다. 소위 데이터 드리븐Data Driven 마케터 또는 퍼포먼스 마케터가 될 수 있어야 한다.

디지털 마케터는 디지털 기술의 전문가가 되어야 한다. 웹 개발, 앱 개발 관련 컴퓨터 프로그래밍 언어를 반드시 이해할 필요는 없다. 하지만 개발자 입장에서 어떤 순서로 프로그래밍을 진행하는지 기본 이해가 있어야, IT 기반의 마케팅 서비스를 기획할 수 있다. 인공지능 기술에 대한 기본 이해도 필요하며, 사물인터넷의 기본 개념 역시 이해해야 한다. 때로는 이러한 디지털 기술을 기반으로 하는 마케팅 방안을 제시할 수 있어야 한다.

또 소셜미디어와 같은 디지털 채널의 특성에 관한 기본 지식이 있어야 디지털 마케터의 기본 소양을 갖추었다고 말할 수 있다. 어떤 고객층이 어떤 디지털 미디어를 선호하는지에 대한 기본 개념이 있어야 디지털 마케팅을 수행하는 데 문제가 없다. 최근의 2030 세대는 과연 어떤 소셜미디어를 주로 활용하는지, 전문 블로거들은 주로 어떤 사이트에서 활동하는지, 이러한 작은 지식과 정보가 마케터 입장에서 고효율의 캠페인을 전개하는 데에 도움이 된다.

디지털 마케터는 콘텐츠 크리에이터가 되어야 한다. 콘텐츠 마케팅에서 소비자의 공감을 끌어낼 수 있어야 한다. 소비자들이 좀 더 선호할 만한 콘텐츠를 채널 특성에 맞게 제작하여 전달할 수 있어야 한다. 뛰어난 스토리텔러가 되어야 하며, 소비자의 트렌드에 맞는 카피를 만들어 낼 수 있는 창작자여야 한다.

디지털 마케터는 전략가가 되어야 한다. 무작정 신기술을 적용한 새로운 디지털 커뮤니케이션 툴을 시장에 내놓는다고 해서 성공하는 것은 아니다. 사람들이 신기술에 때로는 감탄하지만, "So What?"이라는 질문이 돌아오는 경우도 많다. 치밀하고 완벽한 전략 아래 모든 디지털 액션을 풀어놓고 적절한 타이밍에 적절한 장소에서 활용하는 기술이 필요하다. 마치 체스판에서 각 말의 특성을 이해한 상태에서 체크메이트를 노리는 것처럼 각 세부 프로그램에 대한 이해를 기반으로 전체 그림을 완성할 수 있어야 한다.

다시 말하면 디지털 마케터는 디지털 마케팅 영역에 관해 전반적인 이해를 해야 한다는 의미이다. 검색 최적화가 무엇인지, 인플루언서가 무엇인지, 디지털 미디어는 무엇이고, 미디어별 특성은 무엇인지, 콘텐츠 마케팅은 어떻게 하는지, 그것도 모자라 이제 인공지능과 같은 하이테크놀로지에 대한 이해, 아니 전문가적 지식을 보유해야 한다.

디지털 마케팅에서 각 과제별 구분은 큰 의미가 없어졌다. 모든 액션이 상호 연결성을 가지며, 실제 영향을 미친다. 마케팅 전체에 대한 큰 그림을 이해하지 못하면 디지털 마케터의 역할도 매우 제한적으로 할 수밖에 없다.

'촉'으로 일하던 마케팅의 시대는 가고 이제 '데이터'에 의한 과학적 마케팅의 시대가 되었다.

디지털 채널들은 각각의 특성을 고려해 잘 활용하고, 소비자가 선호하는 콘텐츠 마케팅을 귀신같이 기획하여 만들어 내면서, 각 마케팅 프로그램의 성과도 정확하게 분석하여 리포팅하는 마케터가 필요하다.

OPTION

03

디지털 트랜스퍼메이션

디지털을 기반으로 하는 혁신 기업이 등장하면서 전통 기업들은 유례없는 위기에 내몰렸다. 모호해진 산업 경계에서 아마존의 시가총액은 월마트의 시가총액을 오래전에 넘어섰고, 실리콘밸리의 에어비앤비는 메리어트 인터내셔널Marriott International의 기업 가치를 넘어섰다. 구글이 이미 공개적으로 무인자동차를 개발하여 시험운전을 하고, 세계적인 GPU업체인 엔비디아Nvidia와 아이폰의 애플도 각자의 소프트웨어 기술을 바탕으로 무인자동차 개발을 추진하고 있다.

많은 디지털 전문가와 경영학자들은 미래는 '4차 산업혁명에 적응하기'와 '디지털 트랜스퍼메이션Digital Transformation'이 기업의 생존을 결정하는 중요한 요인이 될 것이라고 전망한다. 디지털 트랜스퍼메이션은 기존의 제품 중심에서 소비자의 문제를 해결해주는 것으로 관점과 사고를 바꾸는 것을 의미한다. 디지털 트랜스퍼메이션이 가능하려면 기존 조직에도 변화가 필요하고 그 변화의 중심에 새로운 디지털 기술을 도입, 적용해야 한다.

마케팅은 기업의 다른 분야에 비해 디지털 트랜스퍼메이션을 적용해 변화를 꾀하기 쉽고, 실제로 효과도 가장 빨리 나타날 수 있는 분야이다. 그렇기 때문에 디지털 혁신을 가장 먼저 적용하기 좋고, 그 효과를 대내외에 전파하기에도 용이하다. 기업들은 짧은 기간 내에 성과를 낼 수 있는 디지털 분야의 신기술을 마케팅 부문에 적용하여 기업의 혁신적 이미지를 나타내거나 신기술을 바탕으로 내부 혁신 R&D 성과를 홍보 부문에서 활용하는 것을 주저하지 않았다.

사실 IT 솔루션 기업이나 디지털 지식이 풍부한 컨설팅업계가 마케팅 영역으로 진출한 것은 어색한 일이 아니다. 수많은 기업의 디지털라이제이션Digitalization 흐름 속에서 IT 솔루션 기업들이 마케팅 영역에서 새로운 비즈니스 기회를 자연스럽게 발견했고, 그동안 IT 비즈니스를 운영하면서 확보한 데이터와 고객관계관리CRM, Customer Relationship Management 시스템 기반의 솔루션 등을 활용해 마케팅 커뮤니케이션 부문을 강화하는 방안들을 광고주들에게 제시하게 된 것이라고 생각된다.

글로벌 컨설팅업체인 액센추어는 경영 전략만을 제공하는 업체가 아니라 IT 서비스까지 함께 제공하는 컨설팅업체이다. 만약 마케팅 전략을 수립하면 그와 관련하여 필요한 마케팅 솔루션을 함께 판매하는 방식이다. 마이크로소프트는 오피스 프로그램만을 파는 회사가 아니라 마케팅 솔루션도 함께 판매하는 회사이다. 인공지능과 관련된 프로그램들을 개발하여, 챗봇과 같은 인공지능 기반의 마케팅 솔루션을 팔기도 하고, 홀로렌즈HoloLens와 같은 혼합현실MR, Mixed Reality 기기를 개발하여 판매하기도 한다. 구글의 검색 서비스는 GDN과 같은 웹 디스플레이 광고와 함께 성장했으며, 페이스북은 광고주가 직접 광고 매체 운영이 가능한 솔루션을 제시하는 광고 솔루션 기업을 자처하고 있다.

현재 직접적으로 광고대행사의 경쟁 기업으로 혹은 파트너 기업으로 떠오르는 회사는 데이터를 기반으로 마케팅 솔루션을 판매하는 IT 기업들이다. 오라클, 어도비, IBM은 그들의 웹 구축 및 웹 마케팅 경험을 바탕으로 데이터 기반의 다양한 마케팅 솔루션을 판매하고 있다.

그들이 제안하는 데이터 기반의 마케팅 핵심은 '가장 알맞은 타이밍에 가장 적절한 제안right time, right offer'을 하는 것이다. 타깃 소비자들에게 가장 효과적인 마케팅은 그 소비자에게 필요한 시점을 찾아 적절한 프로모션을 제안하는 것이다. 세일즈의 성공 확률을 직접적으로 높일 수 있는 방법에 가까운 마케팅이다. 소비자 개개인에게 개인화된 메시지를 전달하고 소비자가 이에 반응할 가능성을 최대한 끌어내는 것이 IT 솔루션 기업에서 이야기하는 마케팅에 가깝다.

데이터는 인구통계학적 접근만으로 분석되는 것이 아니라 디지털 채널에 남긴 소비자들의 흔적을 종합적으로 분석하는 차원으로 수집된다. 때로는 자사의 디지털 채널에서 소비자들이 관심 있게 본 콘텐츠가 무엇인지 파악하고, IT 솔루션업체들에서 수집 가능한 외부 데이터들을 조합하여 최적의 제안을 구성하는 것이 진화된 마케팅 방식이다.

최근 소비자가 구매한 이력이나 디지털 채널상에서 어떤 순서로 제품·서비스를 소비했는지 파악하는 소비자 행동 데이터 분석이 이루어진다. 그다음에 이러한 데이터의 유사성과 차별점을 파악하여 유의미한 분류를 하며, 어떠한 부문에 가중치를 부여할지를 결정하게 된다. 자사 제품의 소비자가 될 가능성이 높은 집단과 곧 구매가 이루어질 것 같은 고객군을 구별하거나 고객군별로 선호할 만한 프로모션 메시지를 준비하여 적절한 타이밍에 전달하는 것이 구체적인 프로세스이다. 결론적으로 특정 소비자의 유의미한 트리거 이벤트를 빨리 포착해서 고객과 관계를 맺는 것이 그들이 제시하는 마케팅 솔루션이다.

그렇기 때문에 IT 기업은 디지털 마케팅에서 플랫폼에 초점을 둔다. 이는 각 디지털플랫폼에서 얼마나 많은 고객 데이터를 수집하고 활용하느냐를 판단해야 하기 때문일 것이다.

광고 회사의 핵심은 무엇일까? 대량소비를 인위적으로 이끌어 내야 하는 시대에 시작된 산업인 광고의 핵심은 필요 대신에 욕망을 불러일으키는 것이었다. 때로는 사람을 결핍된 존재로 만들어서 제품 구입을 통해 부족한 부분을 채우도록 강요하여 사회적으로 새로운 거대 수요를 창출하기도 했다.

지금까지 광고 회사는 크리에이티브 능력과 체계적인 전통 매체 기업들과의 강력한 네트워크를 무기로 광고 회사의 독점적인 위치를 점유해왔다. 전통 매체를 활용하는 미디어 네트워크는 대형 광고대행사 간 차이가 거의 없었기 때문에, 크리에이티브 능력을 광고대행사의 핵심 역량이라고 평가해왔다.

그랬기 때문에, 광고주들은 광고대행사를 선택할 때 크리에이티브 디렉터의 역량을 가장 중요한 평가 기준으로 생각했고, 유명 크리에이티브 디렉터가 있는 광고대행사를 일부러 선정하기도 했다. 때로는 대행사의 규모나 실적과 상관없이 크리에이티브 디렉터의 실적과 경험을 중요한 기준으로 판단했던 것이다.

이런 이유로 광고 회사에서 말하는 디지털 마케팅은 크리에이티브에 기반을 둔 디지털 마케팅에 가까울 수밖에 없다. 크리에이티브에 기반을 둔다는 것은 콘텐츠가 커뮤니케이션의 핵심이라는 말과 상통한다. 광고대행사의 디지털 마케팅은 콘텐츠에서 시작하여 디지털을 채널 관점에서 접근하는 것이다.

기업의 마케팅 역량을 강화하기 위해서 데이터로 무장한 IT 솔루션이 필요하다는 시각과 소비자의 마음을 움직이려면 콘텐츠를 잘 만드는 것이 중요하다는 시각이 있을 것이다. 최근 마케팅업계에 유행하는 단어들에 데이터 드리븐 마케팅과 디자인 드리븐Design-Driven 마케팅이 포함된 것은 이처럼 서로 다른 시각이 존재하기 때문일 것이다.

“가장 좋은 광고는 만족한 고객이다.”

– 필립 코틀러

결국 마케팅은 소비자의 마음을 얻는 일련의 행동이다. IT 기업들이 이야기하는 디지털 마케팅과 광고대행사가 이야기하는 디지털 마케팅은 서로 다른 방향에서 시작했지만 결국 소비자의 마음을 얻기 위한 전체적인 마케팅 프로세스에 포함된다. 광고대행사는 데이터를 가까이해야 하고, IT 솔루션 기업은 크리에이티브 콘텐츠를 함께 고려해야 한다.

때로는 과학적인 데이터를 기반으로 한 마케팅 솔루션이 시장에서 효과를 발휘할 것이며, 때로는 크리에이티브에 담긴 감성이 데이터의 예측을 벗어나는 결과를 보여줄 수 있다는 것을 명심하자.

OPTION

04

그럼에도 마케터가 범하는 오류들

고객과의 커뮤니케이션 역할을 수행하는 마케팅 업무는 여전히 기업에서 중요하지만 마케팅이 중요하다고 해서 더 많은 비용과 인원을 투입해야 하는 것은 아니다. 기업에 속한 모든 직원이 고객을 보는 마케터의 시각을 견지해야 한다.

하지만 현재는 마케팅에 있어 과도기이다. 다른 브랜드에서 하는 것을 맹목적으로 쫓아갈 수도 없고, 새로운 투자는 항상 리스크를 동반한다. 많은 정보와 디지털 혁신 속에서 무엇이 우리 브랜드에 도움이 되는지를 마케터가 선택하는 것조차 어려운 시기가 되었다. 하물며 새로운 디지털 미디어와 새로운 디지털 솔루션을 검토하는 것이 쉬울 리가 없다.

"마케팅은 매우 중요해서 마케팅 부서에만 맡길 수 없다."

– 데이비드 패커드David Packard

마케팅 부문은 오랜 기간 검증받으면서 확실한 전략 프레임을 쌓아왔다. 그동안 마케터들은 어느 정도 이상으로 검증되고 어느 정도 신뢰성을 갖춘, 논리적인 수준에서 잘 짜인 마케팅 전략을 유용하게 활용해온 것이다.

우리는 전통적으로 예측 관점을 바탕으로 4P 전략, 시장 세분화, 타기팅, 포지셔닝 전략을 수립했고, 거시환경 분석PEST 차원에서 자사의 강약점을 분석하기 위해 SWOT 분석 또는 3C 분석을 진행했으며, 소비자 심리학 관점에서 활용하는 요소들을 마케팅 전략의 주요 프레임으로 적용해왔다. 최근 주목받는 조절 초점 이론, 준거 설정 이론 등 마케팅 심리학 이론들은 디지털 시대에 여전히 유효한 마케팅 전략 요소이며, 이런 전략 요소에 기반을 둔 마케팅 전략의 예측 정확성 여부는 캠페인의 성과에 영향을 미치고 있음이 틀림없다.

디지털 시대에 들어, 소비자들을 예측하기가 점점 더 어렵다. 고객 구매 여정을 설명하는 AIDA(주의-관심-욕구-행동) 이론과 4A(인지-태도-행동-반복 행동) 이론은 5A(인지-호감-질문-행동-옹호)라는 고객 구매 여정으로 변화하고 있다.

이제 소비자의 구매 여정은 순서대로 이루어지지 않고, 예측하기 힘든 경로로 소비자마다 다르게 재구성되고 있다.

소비자는 인지 단계를 거치지 않고, 바로 구매 단계로 넘어가는 경우도 있으며, 구매 과정을 겪지 않고도 브랜드 옹호자가 되는 경우도 있다.

이제는 예측하기 어려운 소비자 특성을 고려한 새로운 방안을 모색해야 하고, 기존 방식들을 재조정해야 하는 시기가 되었다. 마케터들이 흔히 겪는 오류들을 다시 한번 살펴보고 기존 통념에 갇힌 관점에서 벗어나야 할 시점이다.

브랜드에서 오래 일한 마케터들이 범하는 대표적인 오류 중 하나는 소비자를 가르치려 한다는 것이다. 마케터가 생각하는 것보다 소비자는 훨씬 스마트하며, 때로는 브랜드 담당자보다 더 많은 지식을 가지고 있다. 더 많은 지식이란 해당 브랜드에 한정되지 않고 경쟁사 제품에 관한 지식까지 포함한다.

소비자는 모르더라도 본인에게 도움이 되는 정보를 스스로 찾아 활용한다. 오프라인 매장에서는 점원의 설명을 듣기보다는 스마트폰 앱을 열어 관련 제품, 브랜드 정보를 검색하고, 온라인에서는 메이커가 제공한 상품 설명보다는 후기 댓글을 먼저 읽는다.

이제, 소비자들에게 뭔가를 알려줘야 한다는 강박관념을 버리자. 강한 의도를 갖고 메시지를 전달하는 순간 소비자는 보고 있던 동영상의 정지 버튼을 누를지 모른다. 일방적 브랜드 메시지 전달은 그저 광고로 보일 뿐이다. 뭔가를 전하고 싶다면 콘텐츠의 맥락에 맞게 소비자의 언어로 친근하게 알려줘야 한다.

마케터들은 소비자들이 우리 브랜드를 잘 알고 있으며, 대체적으로 관심 있어 한다고 생각한다. 최소한 무관심하지 않다고 생각한다. 하지만 소비자들은 주요 관심사가 아닌 분야에 대해서는, 특히 많은 경우 브랜드에 무관심하다. 물론 코카콜라, 스타벅스, 할리데이비슨 같은 브랜드는 다르다. 코카콜라의 최초 유튜브 계정은 소비자가 만들었고, 스타벅스의 최초 페이스북 관련 계정도 그 브랜드를 사랑하는 소비자들이 개설하여 운영했다. 지금도 코카콜라 저니의 주요 콘텐츠를 구성하는 집필진은 오프너라고 하는 파워블로거 집단이며, 스타벅스의 SNS 계정은 소비자 주도의 참여를 기반으로 운영된다.

하지만 그 외의 어떤 브랜드가 이와 같은 애정 깊은 소비자들을 만날 수 있을까? 솔직히 말해, 이와 같은 팬 베이스Fan Base 마케팅에 큰 비용을 투자하면 당신도 성공할 수 있다고 이야기하기 쉽지 않다. 오개닉 마케팅Organic Marketing의 기본은 진정성을 가지고 소비자의 마음을 움직이게 하는 것이다. 이 얼마나 어려운 이야기인가.

"당신이 무엇을 하든, 고객에게 무료로 줄 수 있는 것이 무엇이 있는지 생각해보라."

– 제인 애플게이트

소비자는 가격에 더욱 민감해지고, 본인에게 이익이 되지 않으면 움직이지 않는다. 그 이익이 경제적 편익이든 재미든 감동이든 소비자가 직접 취할 수 있는 이익이 있어야 비로소 행동한다.

마케터들은 자신이 제작한 콘텐츠를 소비자들이 좋아할 것이고, 만들기만 하면 콘텐츠의 뛰어난 영상미 때문이라도 직접 찾아서 볼 거라는 착각을 한다. 콘텐츠가 넘쳐나는 세상이다. 지금도 디지털상에서 수많은 콘텐츠가 소비자의 선택을 기다리고 있고, 소비자가 선택해주지 않아 사라지는 콘텐츠의 양 또한 어마어마하다. 이미 우리는 미디어가 소비자에게 콘텐츠 소비를 호소하는 시대에 이르렀다. 광고를 보게 하기 위해서 광고를 해야 하는 상황이 올지도 모른다는 이야기이다.

소비자들은 자신이 원할 때 콘텐츠를 소비하고 자신이 원하는 관심사를 중심으로 콘텐츠를 검색하여 활용한다. 다양성으로 무장한 1인 미디어들과의 경쟁에서 브랜드의 콘텐츠가 선택받으려면 퀄티티도 분명 중요한 요소이다.

일부 마케터들은 소비자를 헷갈리게 하는 것도 유효한 방법이라고 믿고 있다. 대표적으로 에드버토리얼과 PPL을 할 때 광고가 아닌 척하는 것이 괜찮은 방법이라고 생각한다. 2016년 한국언론진흥재단이 성인 남녀 1071명을 대상으로 조사한 '시청자의 PPL 인식과 광고 효과 조사' 결과에 따르면 시청자 10명 중 5~6명이 PPL에 거부감을 느끼거나 시청을 방해한다고 생각하고 있으며, 일부 시청자는 굉장한 거부감을 온라인상에 표현하기도 한다. 비교적 많은 소비자가 PPL을 광고로 인식하고 있으며, 콘텐츠를 소비하는 대가 정도로 인식하는 경우도 많다.

디지털 채널 관련 마케팅 예산은 제한적인 상황에서 채널은 매우 빠른 속도로 증가한다. 과연 어느 채널이 소비자들에게 효과적으로 도달할지, 어떤 광고 콘텐츠가 살아남을지 감에만 의존해 판단하는 시대는 이미 저물었다. 기존의 성취들은 잊어버리자. 그토록 믿고 있던 성공 방정식이 마케터를 배신하는 순간은 언제든 찾아올 수 있다. 변할 수 있는 공식이 존재한다는 사실을 인정하고 새로움을 받아들이는 것이 이 시대 마케터의 자세이며, 미래 마케터의 중요한 능력이다.

5장

마케팅 없는 마케터의 무기

"광고가 한때는 도박이었으나, 이제는 어느 정도 과학의 수준에 도달했다."

– 클로드 홉킨스 Claude C. Hopkins

"먼저 개척하라. 그리고 고독해져라."

– 버지니아 로메티 Virginia Rometty

OPTION

01

검색 최적화

인류를 칭하는 호모사피엔스의 어원은 라틴어로 '지혜로운 사람'을 의미한다. 하지만 이 단어로 오늘날의 인류를 설명하기에는 부족하다. 지금의 인류는 혼자만의 지혜가 아닌 다른 사람의 지혜까지 효율적으로 이용할 줄 아는 좀 더 진화한 인류이다. 말하자면 오늘날 소비자들은 호모 서치엔스Homo Searchiens라고 불릴 만큼 다른 사람의 지식을 검색해 자신의 삶에 편리하게 활용한다.

디지털 시대인 요즘, 검색이 없는 하루를 생각하기 힘들다. 하루에 검색을 몇 번 하는가? 아마 이 글을 읽는 동안에도 몇 차례 할지 모른다. 최소한 화장실 가는 횟수보다 더 자주 검색을 할 것이다.

구글과 네이버 같은 포털사이트에서뿐 아니라 페이스북, 인스타그램에서 해시태그 검색, 유튜브와 같은 동영상 포털에서 검색, 모바일에서 지도 검색 등등 검색은 네트워크 검색으로 끝나지 않는다. 내 컴퓨터에서 파일을 찾을 때도 검색하고, 스마트폰에 깔린 앱을 찾기 위해서도 검색을 한다.

검색이라는 행위는 수동적인 행위가 아니다. 사용자가 어느 정도 알고 있는 정보를 기반으로 자판을 직접 두드려 원하는 정보를 찾는 적극적인 행위이다. 그래서 검색은 단순히 배너광고를 클릭하는 것보다 훨씬 중요한 의미를 지닌다.

2000년대 초반 인터넷 광고계에서는 사용자의 아이 트래킹eye tracking을 통해 배너에 시선이 머무는 시간을 수치화해 배너광고의 효과를 추정하고는 했다. 이렇게 초기 인터넷 포털사이트들은 수익 대부분을 배너광고로 올렸지만, 이제는 검색어 광고로 수익을 올린다. 배너광고는 불특정 다수를 대상으로 하지만, 검색어 광고는 해당 검색어에 관심 있는 사용자를 대상으로 한다는 점에서 효과가 훨씬 더 크다. 검색어 광고는 키워드 광고와 같은 의미로 해석된다.

당신은 브랜드 커뮤니케이션을 주관하는 광고주인가, 아니면 브랜드에 크리에이티브를 팔아야 하는 광고 에이전시의 마케터인가?

마케터라면 혹은 마케터가 되고 싶은 사람이라면 꼭 명심할 것이 있다. 디지털 공간의 소비자를 면밀하게 살펴보지 않은 채 소비자를 이해한다고 말할 수 없음을 명심하자. 디지털 공간에서 소비자의 행동을 읽고 소비자의 검색어를 이해하는 것이 매우 중요하다.

“미디어는 인간 감각 기관의 확장이다. 미디어는 메시지이다.”

– 마셜 매클루언Marshall McLuhan

오랜 기간 메이커와 대형 광고 회사들은 많은 비용과 시간을 투입해 소비자를 이해하려는 노력을 기울였다. 리서치 회사에 의뢰해 전문 설문조사와 FGIFocus Group Interview를 열심히 했고, 그렇게 얻은 조사 인사이트를 통해 STP 전략을 수립하고 커뮤니케이션을 수행해왔다.

하지만 이런 방식은 조사 대상자가 수동적이기 쉬워 다른 의미의 인사이트가 도출되는 등 의미가 왜곡될 수 있고, 해당 프로젝트를 수행하는 마케터가 원하는 방향으로 조사를 유도할 수도 있다. 더 큰 문제는 이러한 조사에서 얻은 데이터는 매우 제한된 인원을 대상으로 얻은 정보라는 점이다.

정교하고 과학적인 통계학으로 접근하여 의미 있는 조사 결과를 낸다는 점을 부정하는 것이 아니다. 그 자체로 의미는 있다. 그러나 조사 영역과 내용을 소비자 내면의 깊이 있는 인사이트를 발굴하는 방향으로 정하는 것이 더 바람직하다.

오늘날 디지털 인사이트 분석은 매우 높은 수준에 이르렀다. 흔히 에스엔에스 버즈SNS Buzz 분석이나 관련 커뮤니티 사이트의 디지털 분석도 마케팅 인사이트를 도출하는 데 큰 도움이 되지만, 검색 키워드를 바탕으로 한 디지털 분석을 우선적으로 고려하는 것을 추천한다.

디지털 버즈 분석을 실제 수행한 경험에 비추어볼 때, 의미 있는 인사이트 도출이 가능하지만 주제와 의미 연관성이 낮은 언어들로 인해 종종 잘못된 인사이트를 얻기도 한다. 검색 키워드를 조사, 분석한 결과 메이커의 언어와 소비자의 언어에 차이가 있음을 알게 되었다. 즉 소비자가 검색하는 언어나 디지털상에서 사용하는 언어는 메이커가 생각하는 언어와 매우 다른 의미인 경우가 많다. 예를 들어 카드 회사는 '할인'과 '혜택'이라는 단어의 의미를 카드를 통해 특정 장소에서 할인받을 수 있는 내용과 무료 주차 서비스 같은 혜택으로 전달하는데 그 카드를 사용하는 소비자는 할인과 혜택을 구분하지 않고 '혜택'이라는 의미로 받아들인다.

자동차 산업에서도 마찬가지이다. 자동차 회사에서는 코나, 스토닉과 같은 작은 SUV 차종에 관해 커뮤니케이션할 때, B-SUV 또는 콤팩트 SUV라는 용어를 쓰지만, 소비자는 소형 SUV로 거의 통일해 사용하고 있다. 이는 무엇을 의미할까? 아무리 메이커가 멋있는 카피를 광고에 활용해 커뮤니케이션을 하더라도, 소비자가 쓰는 말과 다른 카피로 커뮤니케이션하면 호모 서치엔스는 자신과 다른 언어를 쓰는 광고에 주목하기가 어렵다는 것을 의미한다.

서베이 리서치 회사에 근무하는 독자가 이 글을 본다면 지금 하고 있는 업무의 미래가 걱정되기도 하겠지만, 그런 걱정은 기우에 불과하다. 검색 키워드 조사가 활성화되면 이를 통해 검색 키워드를 분석한 인사이트를 보고하는 일이 더 많이 늘어날 것이다. 기존 조사 방식이 아닌 빅데이터를 기반으로 한 인사이트 발굴로 더 정교하고 과학적인 보고서를 광고주에게 전달할 수 있고, 디지털 조사로는 파악하기 힘든 영역에서 소비자 조사가 좀 더 활성화될 것이다.

지금 새로운 고객 커뮤니케이션을 기획하고 있다면 고객의 언어를 이해해야 한다. 메이커의 언어로만 이야기하면 호모 서치엔스는 혼란을 느끼고, 당신이 마케팅하는 제품과 서비스를 멀리하게 될 것이다. 아니, 정보의 홍수에 갇힌 디지털 세상에서 당신의 제품과 서비스를 찾아보기 힘들게 될 것이다.

'검색 최적화'라는 용어가 디지털 마케팅업계에 알려진 것은 꽤 오래전이다. 하지만 아직도 많은 기업이 그 용어만 아는 정도이고, 일부 기업들은 아예 검색 최적화를 수행하지 않고 있다. 아니 기본적으로 해야 할 검색엔진 마케팅도 제대로 하지 않는 경우도 많다.

검색 최적화를 한마디로 정의하면 네이버, 구글, 유튜브 등에서 검색 결과 자사 콘텐츠나 페이지를 상위 페이지에 노출하기 위해 수행하는 일련의 작업이다. 즉 브랜드를 찾는 소비자에게 전달하고 싶은 콘텐츠를 검색 사이트 상위에서 보여주는 것이다.

이를 위해서는 여러 가지 작업을 선행해야 한다. 검색 최적화를 이루려면 무엇을 해야 할까? 인터넷 주소 구조 최적화, 웹페이지 속성 정의(검색 키워드·페이지 설명), 웹페이지 구성(제목·내용·이미지·동영상 등)을 통해 주요 검색엔진에서 브랜드 검색 결과 페이지 내에 긍정적, 우호적 콘텐츠 노출을 확대하는 것이 가장 먼저 할 일이다.

두 번째는 주요 포털의 검색 결과 모니터링, 검색어 자동 완성 모니터링, 블로그 형태의 네이티브 콘텐츠를 통해 긍정적인 평판을 최대한 유지하는 것이다. 이를 위해 기술 측면에서는 홈페이지와 블로그 관리가 무엇보다 중요하다.

세 번째는 이 모든 것을 뛰어넘어 무엇보다 중요한 활동으로, 소비자가 원하는 채널에 소비자가 원하는 타이밍에 적절한 콘텐츠를 제공하는 것이다. 적절한 콘텐츠가 적절한 타이밍에 전달된다면 별다른 매체비를 쓰지 않고도 충분한 노출 효과를 얻을 수 있다.

예를 들어 신제품 발표회를 미디어를 이용해 진행할 경우, 소비자는 언론에서 해당 소식을 접할 수 있고, 그 제품에 관심이 많은 고객은 스스로 해당 소식에 대한 검색을 한다. 실제 현대자동차의 코나 월드 프리미어 행사 당일인 2017년 6월 13일에 '현대 코나'라는 검색어가 하루 종일 실시간 검색 순위에서 상위를 유지했으며, 많은 소비자가 코나와 관련된 수많은 검색어를 디지털 공간에 남겼다.

때마침 주요 포털에 등록한 코나 관련 영상의 조회수가 빠르게 올라가면서, 매체 광고비를 쓰지 않고도 사람들이 자발적으로 검색하여 찾아보는 오개닉 뷰Organic View가 다수의 조회를 발생시킴으로써 한동안 유튜브와 같은 동영상 사이트에서도 코나 영상이 검색 순위에서 상위를 차지했다.

물론 검색 최적화를 할 때 기계적인 태그를 달고 이미지명에도 검색 키워드를 삽입하는 등의 기술적인 노력은 기본으로 수행해야 한다. 그런데 포털사이트에서는 검색에 대한 알고리즘을 정확하게 공개하고 있지 않아서, 검색 알고리즘이 어떻게 될 것이라는 가정만으로 검색 포털상에서 검색 최적화를 수행하고 있다.

검색엔진 마케팅을 수행해본 마케터들은 잘 알고 있겠지만, 우리나라의 포털사이트에서 검색 최적화는 매우 어렵고 불분명한 일이다. 실제 네이버 경우에도 광고 내용이 상위 검색을 차지해서 브랜드 측에서 고유의 검색 키워드를 상위에 노출시키는 것은 쉬운 일이 아니다.

최소한 이것만 기억하면 좋을 것 같다. 진정한 검색 최적화의 목적은 고객이 찾을 때 고객에게 필요한 콘텐츠를 제공하는 것이다. 그런 이유로 더 중요한 검색 최적화 요소는 타이밍이고, 이를 위해 콘텐츠를 디지털상에 수시로 배포해야 한다. 소비자들의 관심이 최고조에 달했을 때 해당 내용을 검색 포털에서 검색할 가능성이 높고, 이때 새로운 콘텐츠가 주목받을 가능성 또한 높아지기 때문이다.

관련 콘텐츠를 언제 등록하느냐에 따라 소비자가 브랜드에서 제공하는 콘텐츠를 만날 확률이 달라진다. 일례로 삼성전자는 갤럭시 S8를 전 세계에 발표할 때, 론칭 쇼가 끝난 뒤 5분 이내에 주요 포털사이트에서 자사 웹사이트를 검색할 수 있도록 했다.

갤럭시 S8를 검색한 소비자들은 자신이 원하는 콘텐츠를 메이커가 제공한 웹사이트에서 매우 쾌적하게 소비할 수 있었을 것이다. 당연히 이를 통해 소비자가 그 브랜드에 좀 더 호의를 가질 확률이 높아진다.

멋진 커뮤니케이션 콘텐츠를 제작했다면, 그 콘텐츠가 웹사이트 검색에서 가장 잘 발견되도록 관리하는 일이 중요하다. 잘 만든 콘텐츠를 많은 사람이 손쉽게 찾을 수 있게 하는 것보다 중요한 일은 없다. 이는 디지털 마케팅의 기본이며 필수이다.

OPTION

02

인플루언서 마케팅

2017년 9월 레알 마드리드의 크리스티아누 호날두가 축구가 아닌 다른 소식으로 인터넷을 뜨겁게 달궜다. 남다른 패션 감각으로 종종 언론에 등장하는 호날두는 축구계에서 워낙 유명 인사여서 기사 노출이 새삼 특별한 일도 아니지만, 이날 호날두 기사는 광고업계의 새로운 흐름을 보여주는 사례이다. '인스타그램으로 돈 버는 스타 랭킹 3위'라는 기사였는데, 영국 일간지 『데일리 메일』에 따르면 호날두가 인스타그램 게시물을 하나 포스팅할 때 약 31만 파운드, 한화로 약 4억 5000만 원을 벌어들이는 것으로 조사되었다. 호날두의 팔로어는 약 5000만 명에 이르는데, 데이터 회사 드마리 애널리틱스D'Marie Analytics에서 팔로어

수와 포스트 빈도, 댓글, '좋아요', 링크 클릭 수와 구매 전환율을 모두 측정하고 광고비를 도출해 그 수익을 금액화했다. 이를 환산하면 2016년에 호날두가 포스팅한 329개의 나이키 포스트로 인해 나이키는 약 5300억 원의 광고 효과를 본 것으로 추정된다.

왜 인플루언서 마케팅이 주목받을까? 왜 마케터들이 인플루언서 마케팅 예산을 늘리려고 할까? 무엇보다 비용 대비 효율성이 매우 높기 때문이다. 최근 많은 마케터가 인플루언서 마케팅을 앞으로 효율이 가장 높은 방안으로 예측하고 있다. 브랜딩을 넘어서 커머스에 영향을 미치는 광고 효과를 발휘하기 때문에 기업 입장에서 투자수익률이 확실한 마케팅 프로그램으로 평가받고 있다.

"가장 좋은 광고는 개인적인 경험에서 나온다."

– 데이비드 오길비

인플루언서 마케팅은 세 가지 관점에서 유용한 마케팅이다.

첫째, 콘텐츠 관점이다. 콘텐츠 관점에서는 브랜드 콘텐츠의 대중성 확보에 주목한다. 제품에 대한 일방적인 전달형 메시지는 소비자에게 공감을 얻기 어렵다. 소비자와 공감대가 이미 형성된 인플루언서를 통해 콘텐츠를 제작하고 전달한다면 정보에 대한 호의적 수용 가능성이 높아진다. 물론 콘텐츠의 발신자가 수신자와 가까울수록 유리하다.

둘째, 브랜드 관점이다. 단순히 브랜드 이미지를 전달하는 데 그치지 않고 소비자가 받아들일 수 있는 방식의 커뮤니케이션이 필요하다. 하버드 경영대학원 교수였던 스콧 쿡Scott Cook은 "우리가 어떤 브랜드인지 소비자에게 알려주는 시대는 이제 지났다. 소비자들 사이에서 공유되는 이야기가 곧 그 브랜드의 이미지가 된다"라고 말한다. 즉 브랜드의 포지셔닝은 단순한 주장에 그치는 것이 아니라 소비자 사이에서 이미지를 획득해야 하는 것이다.

셋째, 미디어 관점이다. 수많은 디지털 채널이 공존하는 시대에 주목받는 미디어는 제한적이다. 인플루언서가 활동하는 SNS 채널은 주로 친구, 지인과의 교류를 목적으로 사용되기 때문에 사용자들의 거부감이 상대적으로 적은 편이다. 자체 온드 채널만으로 소비자들에게 메시지를 전달하기 어려운 시대에 소셜미디어에서 많은 팔로어를 확보한 인플루언서를 매체화함으로써 브랜드 채널의 유입 창구로 활용하고, 신규 잠재고객과의 접점을 효과적으로 늘릴 수 있다.

인플루언서를 활용하기 위해서는 먼저 브랜드의 목적에 적합한 인플루언서를 정의하고 선정한다. 소비자들에게 도달하는 횟수(팔로어 수), 관련성(소비자의 라이프스타일과의 유사성), 행동 변화에 대한 영향력(구매나 관심을 일으키게 하는 영향력) 등을 두루 고려해 인플루언서를 선정해야 한다. 또한 브랜드에 대한 태도 형성, 제품 구매 설득 과정에서 노출과 영향력의 균형을 고려해 적절하게 편성해야 한다. 시너지를 극대화하기 위한 최적화된 조합이 필요하다. 전달되는 채널, 고객의 개별적인 니즈, 사전 이해도와 구매 의사결정 과정의 수준 등 다양한 기준으로 최적화가 가능한 인플루언서로 전체 프로그램을 구성하는 것이 효과적이다.

미국의 인플루언서 마케팅 기관인 미디어 킥스Media Kix에 따르면 인스타그램을 활용한 소셜 인플루언서 마케팅 규모는 2016년 10억 달러였으며 2019년에는 20억 달러 규모에 이를 것으로 예상한다. 또 2016년에 인플루언서 마케팅을 전개한 기업이 전체 브랜드의 60% 수준으로 조사되었으며, 2017년에는 75%로 증가할 것으로 예상했다. 2011년에 설립된 대표적인 글로벌 인플루언서 마케팅 회사인 리워드스타일rewardStyle은 해마다 100% 이상의 성장을 거듭하고 있다. 2011년 6000만 달러의 매출을 기록한 이 회사는 2016년 6억 9200만 달러의 매출을 기록하여 설립 이후 11배 이상의 성장을 기록했으며, 현재는 전 세계 87개국에서 브랜드 마케팅을 전개하고 있다. 2018년에는 10억 달러 이상의 매출을 달성할 것으로 예상된다. 이 회사에서는 인플루언서를 통해 하루 5만 건 이상의 제품 구매를 연결하고 있다. 유명 패션 브랜드 트래픽의 5~13%가 리워드스타일의 인플루언서 활동을 통해서 발생한다고 이야기할 정도이다.

미국 소비자들 중 48%는 인플루언서의 추천으로 제품 구매를 고려한다고 응답했으며, 40%가 본인과 연결된(팔로잉하는) 인플루언서로 인해 제품을 구매한 경험이 있다고 할 정도로 구매에 직접 영향을 끼치는 것으로 파악된다. 최근 이러한 성장과 맞물려 유튜브, 인스타그램, 블로거 인플루언서들의 몸값도 치솟고 있다. 최근 아마존에서는 유튜브와 인스타그램의 인플루언서를 활용한 새로운 마케팅 전략을 발표할 정도로 적극적인 행보를 보이고 있다.

"대부분의 사람들은 매스미디어로부터 직접 영향을 받는 것이 아니라, 미디어의 메시지를 해석하고 이를 문맥에 넣는 오피니언 리더들의 의견에 영향을 받는다."

– 파울 라차르스펠트Paul Lazarsfeld · 엘리휴 카츠Elihu Katz

인플루언서는 크게 세 부류로 구분할 수 있다. 호날두와 같은 유명 인플루언서Celebrity Influencer, 팔로이가 1만~10만 명으로 셀럽급의 인기를 보여주는 매크로 인플루언서Macro Influencer, 그리고 팔로어가 500~1만 명인 마이크로 인플루언서Micro Influencer가 있다. 마이크로 인플루언서를 활용할 때의 장점은 광고에 관심이 없던 사람들에게도 효과를 발휘한다는 점이다. 실제 마이크로 인플루언서의 게시물에 사람들이 더 민감하게 반응하고 긍정적이다. 예를 들어 팔로어가 1000명 이하인 경우 9% 가량의 긍정 피드백이 나타난다면, 팔로어가 1000~1만 명인 인플루언서에게는 7%, 팔로어가 1만 명이 넘는 인플루언서는 3% 내외의 긍정 피드백을 기대할 수 있다.

일반적으로 마이크로 인플루언서는 더 높은 등급의 인플루언서와 견줘 교류가 10배 이상 많다. 그래서 팔로어가 많은 인플루언서보다 마이크로 인플루언서가 더 높은 긍정 반응을 이끌어 낼 수 있다. 마이크로 인플루언서를 팔로잉하는 집단이 좀 더 응집력 있고 관심사가 비슷해서 브랜드 노출 효과가 더 높다.

예컨대 책을 좋아하는 인플루언서를 팔로잉하는 경우 취미가 비슷한 팔로어일 확률이 높기 때문에 타깃 고객층에는 더 효과적일 수 있다. 마컬리Markerly에서 조사한 결과에 따르면 실제 소비자의 82%가 마이크로 인플루언서가 추천한 제품에 신뢰가 간다고 답했다. 미국 청소년의 경우 셀럽보다 자신이 팔로잉하는 일반인의 영향력이 7배 더 높다고 한다. 마이크로 인플루언서의 또 한 가지 장점은 진정성을 전달할 수 있다는 점이다. 셀럽이 아니라 일반인에 가까운 인플루언서가 팔로어들의 공감을 얻기가 훨씬 더 쉽다.

마이크로 인플루언서의 가장 큰 장점은 무엇보다 비용이 낮다는 점이다. 팔로어가 적은 마이크로 인플루언서 여러 명을 관리하는 것은 쉽지 않지만, 적은 비용으로도 큰 효과를 낸다. 마이크로 인플루언서의 팔로어들은 댓글이나 '좋아요' 같은 긍정 표현을 하는 확률이 매우 높다.

마이크로 인플루언서의 또 다른 장점은 SNS 채널 운영 회사에서 SNS 게시물 노출 순서 알고리즘을 변동해도 영향을 크게 받지 않는다는 점이다. 인스타그램에서만 마이크로 인플루언서 효과가 높은 것은 아니지만 특별히 인스타그램의 알고리즘은 마이크로 인플루언서에게 영향을 미친다. 최근 인스타그램이 페이스북처럼 알고리즘을 바꾼 것도 마이크로 인플루언서들이 중요해진 이유 중 하나이다.

일반 계정 주인이 팔로우하는 인플루언서의 퀄리티 높은 관심 콘텐츠가 가장 먼저 뜨기 때문에 광고 노출보다 순위가 위로 포스팅될 가능성이 높다. 매크로 인플루언서보다 마이크로 인플루언서의 콘텐츠를 먼저 노출하는 효과가 생기는 것이다. 따라서 인스타그램 계정 주인이 팔로우하면서 교류하는 퀄리티 있는 포스팅이 피드에서 첫 번째로 뜨고, 광고 콘텐츠는 그 아래로 포스팅되기 마련이다.

인플루언서 마케팅이 가장 성공한 산업 영역은 화장품업계이다. 뷰티 크리에이터의 영향력은 매우 높다. 최근 뷰티와 관련된 영상 소비율이 전년 대비 65% 상승하고 있고, 톱 200개 뷰티 브랜드의 전체 페이스북 뷰는 8억 5000만 뷰에 달한다.

인플루언서 마케팅으로 유튜브 크리에이터를 빼놓을 수 없다. 세계 유튜브 수익 1위는 스웨덴에서 게임 방송을 콘텐츠로 진행하는 퓨디파이PewDiePie이다. 1년 수익이 1500만 달러, 한화 174억 원에 달한다. 잘생긴 외모와 재치 있는 중계로 2017년 현재 유튜브 구독자가 약 5750만 명을 기록했다. 영국의 뷰티 크리에이터 조엘라Zoella는 유튜브 정기 구독자만 1200만 명 넘게 거느리고 있다. 이 때문에 세계 유수의 화장품 브랜드들이 조엘라와 협업해 다양한 뷰티 제품을 론칭하고 있다.

우리나라에서도 양띵, 대도서관tv, 도티tv, 김이브, 밴쯔, 씬님 등 크리에이터들이 활발하게 활동하고 있다. 이들 유튜브 크리에이터들은 크리에이션 능력을 발휘해 다양한 브랜드와 협업을 성공적으로 진행하고 있다. 예를 들어 1인 미디어 인플루언서 중 뷰티 크리에이터 씬님은 본인이 직접 메이크업하는 제품을 보여주며 솔직한 평가를 하는데 이에 대한 구독자들의 신뢰도가 매우 높아 제품 홍보에 큰 영향을 미치고 있다. 이미 세계 유명 화장품 브랜드인 랑콤은 뷰티 크리에이터 미셸 판Michelle Phan의 인플루언싱 활동으로 특정 제품의 급격한 매출 성장을 이루었다. 아나스타샤 비버리힐즈라는 색조화장품 회사는 무명의 회사에서 일약 인스타그램 스타 기업으로 성장했다. 또한 타르트와 투페이스드, IT코스메틱스와 같은 화장품 회사들이 소셜미디어의 인플루언서를 활용해 크게 성장하고 있는 기업들이다.

중국에서는 왕홍이라는 인터넷 스타들이 소셜 커머스의 성장을 이끌고 있다. 이들은 젊은 층의 변화에 적응하는 속도가 매우 빠른 인플루언서들로, 중국 이커머스E-commerce 시장에서 큰 영향력을 행사하고 있다.

대표적인 1인 방송 플랫폼

1인 미디어를 제공하는 동영상 공유 서비스 사례	
유튜브	• 세계 최대의 UGC 및 온라인 동영상 서비스 • 2005년 2월 서비스 시작, 2006년 11월 구글이 16억 5000천만 달러에 인수 • 웹과 대부분의 스마트폰, 스마트TV 등에서 시청 가능 • 2007년 광고 수익을 공유하는 '파트너 프로그램' 도입(일반적으로 광고 매출의 55%를 제작자에게 분배) • 2010년 실시간 스트리밍 패널과 개인 맞춤형 채널 추천 기능 도입 • 2012년 3월 모바일 단말기에서의 HD 영상 시청 지원 • 2013년 5월 콘텐츠 제작자가 자신의 채널에 대해 월 0.99달러 이상을 부과할 수 있는 유료 옵션 테스트 시작 • 2014년 12월 실시간 스트리밍 방송 제공자의 구독자 수 제한 철폐, 기존에는 1000명 이상의 구독자를 보유한 채널에 한해 실시간 방송 기능을 제공했으며, 2013년 8월 이 기준을 100명으로 낮춘 바 있음
비메오 Vimeo	• 2004년 11월 설립된 동영상 공유 서비스, 'Vimeo'는 'Video'와 'Me'의 조어. 2013년 12월 기준 1억 명의 방문자 기록 • 2007년 업계 최초로 HD 동영상 공유 시작 • 2008년 방송 제공자를 위한 무제한 채널, 동영상 용량 무제한, 광고 제거 등의 기능을 제공하는 연 60달러 상품 출시 • 2011년 8월 미디어 전문 업체를 위한 Pro 계정 도입

유스트림 Ustream	• 개인 방송 서비스로서, 2007년 3월 서비스 시작. 서비스 초기에 정치, 엔터테인먼트, 기술 분야로 차별화 • 8000만 명 이상의 이용자 기반 보유 • 광고 기반의 무료 서비스이며, 2013년 방송제작자에게 로고 삽입, 광고 제거 등을 지원하는 유료 서비스 'Pro Broadcasting' 론칭, 지원 기능에 따라 월 10만~100만 원 수준
저스틴 TV Justin TV	• 2007년 3월 서비스를 시작한 온라인 개인 방송, 유튜브와 유사한 '채널' 개념 도입 • 방송 제공자를 무료로 무제한 시청자에게 방송이 가능하며, 시청을 위한 사이트 등록이 필요 없음
라이브스트림 LiveStream	• 실시간 스트리밍 개인 방송 플랫폼, 광고 기반의 무료 서비스 • 2007년 '모굴러스(Mogulus)'라는 이름으로 창업, 2009년 서비스명 변경 • 2009년 채널 개념 도입, 트위터와 페이스북과의 연동 기능도 제공
아프리카TV	• 2006년 3월 서비스를 시작한 인터넷 개인 방송 서비스, 개인 방송 이외에도 스포츠 실시간 중계 등을 제공 • BJ라 일컫는 방송 제공자가 동영상을 송출하면 최소 50명에서 1100명까지 동시 시청 가능, 판도라TV가 선정한 일부 BJ는 1600명까지 동시 접속 가능 • 시청자는 '퀵뷰' 아이템 구매를 통해 동시 접속 제한에 걸린 채널 시청 가능 • 시청자가 유료로 구입한 '별풍선'을 BJ에게 선물하면 BJ는 이를 현금화할 수 있음
판도라TV	• UGC 서비스를 시작하였으며, '채널'을 통해 개인 방송국 운영 가능 • 1999년 '레떼컴'으로 창립, 2004년 사명 변경 • 2011년 현대HCN과 합작해 N스크린 서비스 '에브리온TV' 출범

인플루언서 마케팅이 성공하려면 가장 중요한 것이 브랜드의 이미지와 스토리에 맞는 인플루언서를 찾아서 매칭하는 것이다. 타깃 고객을 공략하는 마케팅 활동이기 때문에 해당 분야에 대한 지식이나 관심

이 있는 인플루언서라면 더 바람직하다. 만약 제품의 내용과 일치하지 않는 성향의 인플루언서에게 큰 비용을 들여서 제품 홍보를 맡기면, 실제 목적한 바를 달성하기 어렵다. 집중이 필요한 메시지 전달에서는 선정한 인플루언서의 성향과 자질이 그 성패를 가른다. 인플루언서는 일반적인 상품 정보 전달이 아니라 추천하는 역할을 한다. 즉, 소비자는 인플루언서가 자신을 대신해 제품을 먼저 체험하고 자연스럽게 추천하기를 기대하지, 일방적인 제품 판매를 하는 판매원을 기대하지 않는다. 이 경우 인플루언서와 팔로어 사이의 관계가 끊어질 수도 있다.

인플루언서 마케팅을 성공적으로 수행하기 위해서 명심해야 할 것을 정리했다.

첫째, 앞서 언급했다시피 브랜드와 어울리는 인플루언서를 발굴한다. 브랜드에 맞는 인플루언서를 활용해야 캠페인을 성공적으로 진행할 수 있다.

일반적으로 인플루언서 마케팅은 세분화된 타깃층을 공략하는 데 효과적인 방법이다. 다만 인플루언서가 자신의 목소리로 브랜드를 전달했을 때 어색하지 않아야 한다. 인플루언서 또한 자신과 어울리지 않는 브랜드 광고를 기피하는 경향이 있다. 메이커의 이야기에 어울리는 인플루언서를 찾는 것은 인플루언서 마케팅의 필요충분조건이다. 만약 해당 인플루언서가 전문성을 갖고 있다면 더 효과적이다. 무조건 팔로어가 많은 인플루언서만 찾을 것이 아니라, 가능하면 브랜드와 어울리면서 해당 브랜드가 속한 분야에 전문성이 있는 사람을 브랜드의 인플루언서로 활용하자.

둘째, 인플루언서의 관심 영역에 맞는 커뮤니케이션을 전개한다. 일반적으로 인플루언서의 라이프스타일을 일상, 레저, 뷰티 등으로 나누어 접근하며, 브랜드가 이야기하고 싶은 분야의 카테고리를 집중적으로 공략하는 방법을 쓴다. 예를 들어 인플루언서를 통해 책을 알린다면, 평소 SNS에서 책을 많이 추천하는 도서 관련 인플루언서를 활용하는 것이 좀 더 효과적이다. 만약 그 인플루언서가 게임과 관련된 내용을 노출시킨다면 매우 어색한 상황이 된다. 추구하는 라이프스타일과 어울리는 인플루언서를 찾아서 활용해야 효과적이다. 팔로어들은 인플루언서가 좋은 제품을 나에게 추천한다는 느낌이 나에게 제품을 판매려고 한다는 느낌으로 바뀌면 해당 인플루언서를 더 이상 신뢰하지 않을 것이다.

셋째, 과거 인플루언서 마케팅이 인터넷방송 진행자 BJ, 파워블로거를 활용한 저비용 구조의 마케팅이었다면, 지금은 크리에이터, 하이엔드High-end 인플루언서 마케팅으로 변화하고 있다. 이미 화장품업계와 패션업계에서는 인플루언서 마케팅을 주요한 마케팅 수단으로 활용하고 있다. 식품·레저·통신·전자업계에서도 인플루언서 마케팅을 도입하고 관련 예산도 늘리고 있다. 2018년에는 인플루언서 마케팅을 실행하지 않는 기업을 찾기가 어려워질 것으로 예상한다.

넷째, 인플루언서의 적극적인 참여를 유도한다. 최근 가장 부상하고 있는 SNS는 인스타그램이다. 인스타그램을 활용해 인플루언서가 적극적으로 참여하는 캠페인을 디자인해 실행한다면 적은 비용으로도 큰 파급력을 기대할 수 있다.

다섯째, 영상을 활용한다. 대부분의 SNS 채널에 영상 기능이 있지만 인스타그램에서 영상 기능을 활용하는 기업은 적은 편이다. 이미지보다 영상이 메시지를 더 효과적으로 전달할 수 있다. 모바일에 최적화된 짧은 영상으로 팔로어들의 관심을 끌어내자.

여섯째, 맥락 있는 콘텐츠, 진정성 있는 콘텐츠를 활용한다. 예를 들어, 마이크로 인플루언서는 눈에 띄는 옷이나 메이크업 제품을 홍보하기에는 적절하지만, 복잡하고 어려운 전자제품을 홍보하기에는 맞지 않는 면이 있다. 브랜드의 목적에 따라 활용 범위를 고민하고 실행하는 것이 바람직하다.

이제 인플루언서 마케팅은 필수적인 미디어 콘텐츠 전략 중 하나이다. 브랜드에 맞는 인플루언서를 양성하거나 발굴하고 또 그에 맞는 캠페인을 전개하는 것이 성공적인 커뮤니케이션에서 중요한 요소가 될 것이다.

OPTION

03

가상현실 콘텐츠

가상현실의 기본 개념은 실제와 비슷하지만, 실제가 아닌 인공적인 환경을 의미한다. 시각 정보만이 아니라 촉각, 청각, 후각 등 다양한 감각기관에 가상의 정보를 실제처럼 제공하는 것도 종합적으로 보면 가상현실의 일부라고 할 수 있다.

가상현실은 1852년 스테레오스코피 기술을 그 기원으로 본다면 역사가 굉장히 오래된 개념이다. 문학작품에서는 미국의 SF 작가 스탠리 G. 웨인바움Stanley G. Weinbaum이 1935년에 발표한 「피그말리온의 안경Pygmalion's Spectacles」에 오감을 아우르는 가상현실 개념이 처음 등장했다고 볼 수 있다.

최근 가상현실에 대한 관심이 높아진 데에는 페이스북이 2014년 오큘러스Oculus라는 HMD 개발 회사를 20억 달러에 인수하면서 가상현실 기술에 대한 관심이 촉발된 것이 중요하게 작용했다. 무엇보다 2015년 오큘러스 리프트, 기어 VR, HTC 바이브Vive, 플레이스테이션 VR 등 가상현실 주변기기를 저렴한 가격대로 일반 소비자에게 판매한 것이 큰 영향을 미쳤다.

세계 가상현실 시장은 2016년 50억 달러, 약 6조 원에서 2020년 1500억 달러, 약 180조 7000억 원 규모로 30배 이상 성장할 것으로 전망된다. 2015년 9639억 원 규모이던 우리나라 가상현실 시장은 2020년 5조 7000억 원으로 6배쯤 커질 것으로 예상되고 있다. 미국 시장조사업체 트랙티카Tractica에 따르면 산업용 가상현실 시장으로 제한할 경우 2016년 5억 9230만 달러, 약 6700억 원에서 2021년 92억 달러, 약 10조 4200억 원 규모로 성장할 것으로 예상했다.

"가상현실은 중요한 미래 트렌드이다."

– 마크 저커버그Mark Zuckerberg

가상현실 기술이 가장 활성화된 분야가 게임이다. 의료 분야에서는 수술 시뮬레이션에 가상현실 기술을 사용한다. 분당서울대학교병원은 2015년부터 외과, 정형외과 교육 등에 가상현실 기술을 활용하고 있다. 수련의에게 실제 수술실에서 참관한 듯한 경험을 제공하는 것이다. 비행이나 항해 시뮬레이션이나 우주공간 여행 서비스 등에도 가상현실 기술이 쓰일 수 있다. 자동차업계에서는 가상현실 기술을 활용해 자동차 간접 체험을 제공하고 있다. 아우디는 아우디시티라는 디지털 기반 쇼룸을 베를린, 런던 등에서 운영하며, 현대자동차는 코엑스와 고양 스타필드에서 디지털 기반의 차량 가상 체험 시스템을 운영한다.

2016년 칸 국제광고제에서는 광고대행사나 일반적인 제품 메이커가 아닌 록히드 마틴이 사이버 부문 금상을 수상했다. 「The Field Trip To Mars」라는 가상현실을 기반으로 한 커뮤니케이션 콘텐츠가 수상했는데, 스쿨버스에 3D 매핑 기술을 적용해 가상현실을 구현하여 실제 자동차 움직임과 화면의 움직임을 연동해 마치 버스로 화성을 여행하는 듯한 체험을 제공한 캠페인이었다. HMD 장비 없이도 제한된 공간 안에서 몰입감이 뛰어난 새로운 가상현실 경험을 제공했다는 점에서 수준 높은 가상현실 크리에이티브를 구현했다고 평가할 수 있다.

가상현실 구현 기술을 시각적인 측면에서 구분하면, 크게 세 가지로 나눌 수 있다. 먼저, 사용자가 HMD 기기 등을 활용해 시각적으로 실제 환경을 차단하고 완전히 다른 환경을 경험할 수 있도록 새로운 환경을 구현하는 가상현실 기술이 있다. 이는 가상현실이라는 개념과 맥락상 가장 일치하는 기술 개념으로, 몰입감이 가장 높다.

두 번째로 증강현실 기술이 있다. 증강현실 기술은 사용자 전면에 투명한 디스플레이 또는 카메라가 부착된 기기, 예를 들면 테블릿PC, 스마트폰을 활용해 눈에 보이는 실제 환경에 디지털 콘텐츠를 오버랩하여 보여주는 기술이다. 모바일게임 '포켓몬 고'가 증강현실 콘텐츠의 대표 사례이다. 구글은 구글 글래스라는 증강현실 기반 디바이스를 프로토타입 형태로 전 세계에 배포한 바가 있고, 마지막으로 혼합현실 기술이 있다. 혼합현실은 가상현실이 주는 몰입감과 증강현실이 주는 현실감을 합친 개념이다. 현실감 있는 가상 정보가 결합된 융합 공간에서 생성한 시각적 가상현실을 제공하는 매직립Magic Leap이라는 기업이 이 분야에서 유명한 스타트업이다. 가상현실이나 증강현실, 그리고 혼합현실 등 세 가지 구현 기술은 서로 연관되는 부분이 있지만, 차별성과 활용 분야가 다양해 저마다 다른 지향점을 가진 기술로 성장할 것으로 보인다.

일반적으로 가상현실 콘텐츠는 3D 입체 콘텐츠 제작 기술을 기반으로 제작되는데 가상현실 콘텐츠를 구현하는 방식은 다양하다. 첫째, 디스플레이 기반의 가상현실이다. 과거 3D TV와 같이 간단한 입체 안경을 활용하거나 3D 디스플레이 기능이 있는 모니터를 활용하는 등 관찰자 시점의 가상현실 콘텐츠가 있다. 둘째, 3인칭 시점 가상현실 콘텐츠이다. 카메라 장비 등을 활용해 사용자가 직접 가상현실에 들어간 모습을 연출하는 가상현실 콘텐츠이다. 마지막으로 HMD 기기 등을 활용해 사용자가 1인칭 시점으로 가상현실 세계에 있다고 느끼게 하는 가상현실 기술이다. 현재 이 기술은 다양한 인터랙티브 장비 등을 활용해 상호작용이 가능한 가상현실 콘텐츠로 발전하고 있다.

그렇다면 HMD를 활용하는 가상현실 기술로 구현하기에 적합한 콘텐츠는 무엇일까? 첫째, 다이내믹형 콘텐츠이다. 롤러코스터에 탑승한 것처럼 지속적인 시점 전환을 유도하는 콘텐츠가 이에 해당한다. 현대자동차는 2015년 'HYUNDAI VR+' 앱으로 실제 WRC 랠리 카에 탑승한 듯한 경험을 제공하는 콘텐츠를 선보였다. 둘째, 공간 탐색형 콘텐츠이다. 사용자에게 관광지를 보여주거나, 미술관 등을 간접 체험할 수 있게 하는 콘텐츠이다. 이니스프리에서는 자전거와 가상현실을 결합한 콘텐츠를 도입해 중국 관광객 사이에서 큰 인기를 끌었다. 구글은 전 세계 유명 관광지를 돌아볼 수 있는 '구글어스 VR'을 2016년 11월에 공개했다. HMD 기기를 활용해 구글이 제공한 전 세계 유명 관광지를 가상현실로 체험하면 그곳을 가지 않고도 관광할 수 있는 새로운 개념의 서비스이다. HTC 바이브의 HMD 기기를 활용해 구글어스 VR을 실행하면 그동안 2차원에서만 확인할 수 있었던 세계의 주요 풍경을 3차원 입체로 돌아볼 수 있다. 도시 또는 산꼭대기에서 유명 장소를 돌아보는 새로운 여행을 가상현실 기술이 가능하게 할 것이다.

ON YOUTUBE

유튜브에서는 2016년 가상현실 라이브 스트리밍 서비스를 시작해 가상현실의 새로운 확장성을 선보인 바 있다. 현대자동차는 세계 최초로 모터쇼 프레스 콘퍼런스를 가상현실 라이브 서비스로 제공하는 이벤트를 2016년 부산 국제모터쇼에서 선보였다. '360 라이브 쇼'라는 캠페인을 통해 가상현실 라이브 행사를 사전에 홍보하고 일반인을 대상으로 카드보드를 배포했으며 코엑스에 위치한 현대 모터스튜디오 디지털에 일부 고객을 초청해 프레스 콘퍼런스를 360 VR 라이브로 보여주는 행사를 진행했다. 별도의 스티칭 서버와 스트리밍 서버를 활용하고, 가상현실의 느낌을 극대화하기 위해 사운드를 진동으로 느끼게 하는 시트백Seatback을 통해 청각, 촉각, 시각을 자극하는 가상현실 라이브 쇼를 진행했다. 이 캠페인은 당시 'VR 라이브'라는 생소한 기술에 힘입어 TV는 물론 75개 언론 매체에 노출되었고, 영국에서 열린 이펙티브 모바일 마케팅 어워드Effective Mobile Marketing Awards에서 모스트 이펙티브 버추얼 리얼리티 캠페인Most Effective Virtual Reality Campaign 결승에 오르는 등 새로운 디지털 고객 경험을 제공해 혁신적인 자동차 회사 이미지를 부각할 수 있었다.

촉각의 가상현실 기술을 활용해 세계의 이목을 끈 사례도 있다. 독일의 자동차 전장부품업체 보쉬Bosch는 촉각의 가상현실을 구현한 햅틱 피드백 타입의 터치스크린을 2016년 국제전자제품박람회에서 발표해 새로운 개념의 가상현실을 구현했다. 부드러운 촉감, 문양을 느끼는 촉감을 가상현실로 구현해 자동차 운전자가 버튼을 보지 않고도 디스플레이 버튼을 구분할 수 있는 가능성을 열었다.

HMD 기기를 활용한 가상현실 콘텐츠를 체험한 사용자들은 생각보다 기기의 화질이 낮아 몰입도가 떨어진다고 느끼는 경우가 있다. 그 원인은 HMD 기기 자체가 양쪽 눈에 같은 영상신호를 별도로 보내어 양안 시차를 활용해 입체감을 주는 영상처리를 하기 때문이다. 기기를 통해 볼 수 있는 영역이 무한대로 확장되기 때문에 화질이 떨어질 수밖에 없다. 이를 개선하기 위해서는 원본 영상 촬영을 8K급 이상의 화질로 촬영해 제공하거나, 고성능 PC를 활용해 화면을 합치는 스티칭 작업을 개선하는 방법이 있다. 또한 영상의 비트레이트(초당 처리하는 비트 수)를 높여 초당 영상처리 연산속도를 높이면 영상 품질이 나아질 수 있다.

시각적 가상현실 콘텐츠를 제작할 때 앞에서 언급한 대로 콘텐츠의 목적과 내용을 고려해 제작하면 소비자에게 좀 더 나은 콘텐츠를 체험하게 할 수 있다.

OPTION

04

브랜디드 콘텐츠

기존에 유망 IT 스타트업 회사를 앞다퉈 인수하려고 했던 IT 공룡 기업들이 미디어 콘텐츠 시장으로 이동하고 있다. 그동안 각자의 영역에서 두각을 나타내던 IT 공룡 기업들의 사업 영역이 겹치면서 미디어 콘텐츠 분야에 대한 투자 경쟁이 벌어지고 있다. 구글은 아마존이 새롭게 출시한 '에코쇼Eco-Show'에 대한 유튜브 서비스를 중단했다. 이 때문에 아마존은 자체 동영상 서비스를 확장하기 위해 새로운 비디오 애플리케이션 서비스를 준비하고 있다. 애플은 유니버설 등 주요 콘텐츠 제작사와 협조해 자체 콘텐츠 제작에 막대한 투자를 하고 있다. 페이스북은 유튜브와 유사한 서비스인 동영상 플랫폼 '워치'를 공개했으며, 자체 콘텐츠 제작을 위한 투자 계획을 발표했다. IT 기업들이 향후 미래 비즈니스의 핵심이 콘텐츠임을 직감적으로 느끼고 새로운 사업 창출의 기회로서 콘텐츠에 주목하는 것이다.

지금의 마케터들은 고민해야 할 것이 너무나 많다. 텔레비전, 라디오, 신문, 잡지라는 4대 매체 시절에는 제한된 채널과 시간 때문에 일방향으로 전달할 메시지만 고민하면 되었지만, 이제는 고객 경험을 중심으로 상호작용하는 커뮤니케이션 환경에서 맥락에 맞는 콘텐츠를 고민해야 한다. 채널 관점에서만 보더라도 TV광고, 잡지광고, 신문광고, 옥외광고와 같은 기존 매체와 함께 블로그, 소셜미디어, 홈페이지 등 디지털 기반의 매체를 동시에 고려해 최적의 미디어믹스를 도출해야 한다. 제한된 예산에 선택권은 아주 많아서 매번 미디어믹스를 고민하고 따져야 한다.

하지만 더 어려운 점은 다매체를 활용하더라도 소비자의 관심을 받기가 점점 더 어려워지고 있다는 사실이다. TV광고는 점점 낮아지는 시청률로 인해 과거와 같은 효과를 발휘하기가 점점 어려워지고, 배너 광고의 클릭률은 매년 큰 폭으로 떨어지고 있다. 폭발하고 있는 정보량과 많은 광고 노출로 인해 소비자들이 상당한 미디어 피로를 느끼고 있다. 그래서 소비자들은 인터넷광고를 피하기 위해 네이티브 애드블로커 프로그램을 컴퓨터에 설치하기도 하고, 넷플릭스와 같이 광고를 안 봐도 되는 네트워크 기반 유료 미디어 서비스에 가입하기도 한다.

조사기관인 미디어 다이내믹스Media Dynamics의 2014년 조사에 따르면 소비자가 하루에 미디어와 광고에 노출되는 시간은 590분에 이른다고 한다. 이는 1985년의 노출 시간 433분에 비해 157분이나 길어진 시간이다. 그중 단순하게 광고에 노출되는 시간은 362분, 이 362분 중 소비자의 관심을 끄는 시간은 12분에 불과하다. 단순 광고 개수로 추정하면 300개 광고가 노출되면 1개 정도가 소비자의 관심을 끄는 데 성공한다고 볼 수 있다.

요즘 소비자들은 광고는 외면하지만, 콘텐츠에는 주목한다. 과거처럼 광고 메시지의 전달이 쉽지 않은 시대에 유일한 대안은 콘텐츠 자체이다. 만약 콘텐츠에서 브랜드를 이야기한다면 어떨까? 마케터들의 이런 고민 때문에 브랜디드 콘텐츠Branded Content에 대한 관심이 높아지고 있다.

브랜디드 콘텐트 마케팅 협회BCMA, Branded Content Marketing Association는 브랜디드 콘텐츠에 대해서 "콘텐츠를 보는 사람에게 브랜드와 연관되어 있는 것으로 보인다면 브랜디드 콘텐츠이다." 즉, 브랜드와 관련된 어떤 내용이라도 포함된 것으로 보인다면 브랜디드 콘텐츠라고 정의한다. 브랜디드 콘텐츠의 제작 주체는 중요하지 않으며, 심지어 브랜드 측에서 비용을 집행할 수도 집행하지 않을 수도 있다. 콘텐츠 속에 브랜드를 녹여낸다면 그것은 브랜디드 콘텐츠라고 말할 수 있다.

"브랜디드 콘텐츠의 시대가 시작되었다."

– 피터 바잘젯Peter Bazalgette

브랜디드 콘텐츠는 크게 세 가지로 구분할 수 있다.

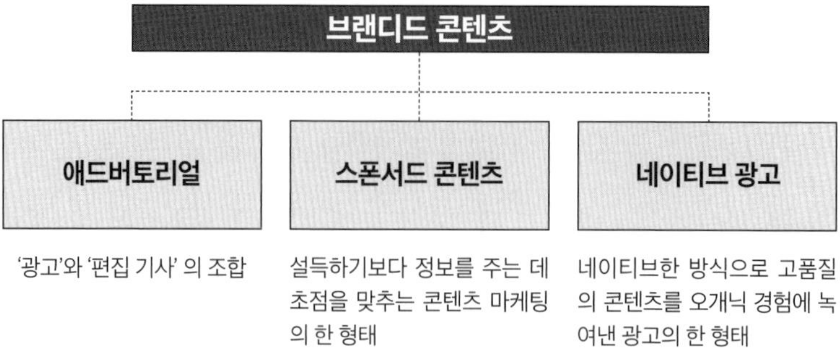

첫째, 신문, 잡지와 인터넷 미디어에서 주로 볼 수 있는 애드버토리얼Advertorial이다. 애드버토리얼은 광고Advertisement와 편집 기사Editorial를 합친 단어이다. 애드버토리얼은 신문사, 잡지사, 인터넷 미디어의 기사 또는 정보 형식을 빌려, 마치 기사인 것처럼 브랜드를 노출하는 방법이다. 애드버토리얼의 원조는 신문으로 그 역사가 오래되었고 때로 소비자는 애드버토리얼을 유용한 정보로 받아들여왔다.

둘째, 스폰서드 콘텐츠Sponsored Content이다. 스폰서드 콘텐츠는 말 그대로 콘텐츠 사업자가 브랜드의 지원을 받아 제작하는 콘텐츠이다. 콘텐츠 제작사가 콘텐츠 제작 방향에 대해 의견을 표출하는 경향이 강해서 시청자들에게 강요하기보다 콘텐츠 자체를 전달하는 역할이 크다고 할 수 있다.

셋째, 뒤에서 설명할 네이티브 광고Native Ads이다. 네이티브 광고에는 배너광고나 동영상 형태가 많은데 최근에는 동영상 형태의 네이티브 광고가 많은 주목을 끌고 있다. 1940년대에 P&G가 당시 소비자들에게 친숙하지 않았던 비누 광고를 네이티브 광고로 진행하면서 그 개념이 알려졌다. 최근에는 동영상 네이티브 광고가 광고업계에 새로운 트렌드로 등장했다.

소비자의 미디어 소비는 이미 동영상으로 옮겨 갔다. 코리안클릭에서 실시한 조사에 따르면, 모바일 동영상 커버리지는 2016년 10월 기준 2015년 같은 기간보다 93.6% 증가했으며, 2016년 3분기의 콘텐츠 시청 수는 전년 대비 127% 상승한 것으로 나타났다. 유튜브 전체 시청 시간도 2016년에 전년 대비 65% 증가했다.

미국 디지털 광고 시장의 규모는 점점 커지고 있으며, 그중 브랜디드 콘텐츠의 비중은 2017년 8% 수준에서 2020년 16% 수준으로 확대될 것으로 예상된다. 우리나라의 경우도 점점 시장이 확장되고 있으며, 2017년 10월에는 브랜디드 콘텐츠를 전문으로 제작하는 기업들이 모여 미래를 전망하는 '2018 콘텐츠와 미래'라는 콘퍼런스를 열기도 했다.

브랜드와 미디어사는 애드버토리얼과 스폰서드 콘텐츠를 노출할 때, 되도록 광고라는 사실을 이야기하지 않으려 한다. 때로 소비자들은 이들 콘텐츠가 광고라는 사실을 인지하지 못하고 접했다. 기사로, 콘텐츠 자체로 인식하는 경우가 많았다. 하지만 최근에는 소비자들이 TV 드라마의 이야기 전개상 개연성이 부족한 PPL에 대해 상당한 거부감을 보인다. 때로는 PPL이 소비자들의 선택권을 무시하는 것처럼 느껴져 소비자가 반발한다. 이러한 이유로 최근에는 많은 마케터가 네이티브 광고에 주목하고 있다.

네이티브 광고의 장점은 소비자들에게 광고임을 안내하되, 콘텐츠 자체의 매력에 끌려 자연스럽게 콘텐츠를 소비하도록 유도한다는 것이다. 네이티브 광고는 브랜드 측에서 제작비를 투입하는 경우가 많아서 대체로 양질의 수준을 유지한다. 광고임을 밝히지만 소비자의 거부감을 최소화하도록 기획하기 때문에 문맥적으로 무리하게 광고 메시지를 전달하지 않는다. 또 콘텐츠가 가진 재미와 정보성 때문에 확산력이 강하고 이로 인해 바이럴 효과가 뛰어난 편이다. 브랜디드 콘텐츠의 가장 큰 장점은 소비자의 선택을 받을 확률이 높다는 점이다.

성공하는 브랜디드 콘텐츠를 만들기 위해 첫 번째로 고려할 요소는 퀄리티이다. 퀄리티라 함은 뛰어난 영상 품질만을 이야기하는 것은 아니다. 기획 단계부터 브랜드 마케터와 콘텐츠 제작사가 함께 고민해 튼튼한 기획안을 바탕으로 작품성 높은 콘텐츠들과 경쟁해도 뒤지지 않을 정도의 재미를 전달할 수 있어야 한다. 두 번째로 고려해야 할 요소는 명확한 콘텐츠의 성격과 목적이다. 해당 콘텐츠가 소비자의 관심을 끄는 용도인지, 중요 콘텐츠의 메시지를 보완하는 용도인지 등에 대한 구체적인 역할 정의가 전제되어야 한다.

"고객은 똑같은 대우를 원하지 않는다. 고객이 바라는 것은 개별화된 처우이다."

– 돈 페퍼Don Pepper · 마샤 로저스Martha Rogers

콘텐츠·미디어 사업자가 잊지 말아야 할 것이 있다. 브랜디드 콘텐츠를 제작한다는 것이 콘텐츠 제작사의 독자적인 스타일을 전부 희생해야 한다는 의미가 아님을 명심해야 한다. 콘텐츠 사업자의 독특한 시각과 스타일은 콘텐츠의 생명력을 결정하는 요소임을 명심하고, 독창성을 잃지 않도록 유념해야 한다. 그리고 콘텐츠가 브랜드의 가치를 나타내야 한다는 점을 잊지 말아야 한다. 결국 콘텐츠는 브랜드뿐 아니라 콘텐츠 제작사의 캐릭터를 동시에 나타낼 수 있어야 한다.

브랜디드 콘텐츠를 제작할 때 고려해야 하는 이슈는 다음과 같다.

첫째, 그 콘텐츠가 누구에게 귀속되느냐의 문제가 있다. 이 문제는 해당 콘텐츠를 어떤 미디어에 태우느냐 하는 문제와 연관되기 때문에 콘텐츠 제작사와 브랜드 사이에 이슈가 될 수 있다. 향후 해당 콘텐츠를 둘러싼 여러 가지 법적 이슈와도 연관되기 때문에 콘텐츠를 제작할 때 해당 요건을 명확하게 해야 한다. 일반적으로 미디어사의 법적 책임 한계가 브랜드의 법적 책임 한계보다 수준이 낮으므로 브랜드 입장에서 콘텐츠 사용권은 최대한 획득하되 저작물에 대한 소유권은 보유하지 않는 것이 유리할 수 있다.

둘째, 콘텐츠가 브랜드의 지원을 받은 콘텐츠인지 아닌지를 소비자들에게 명확하게 알리는 것이 필요하다. 많은 소비자가 의도하지 않은 광고 노출에 거부감을 보이기 때문에, 거부감을 최소화하기 위해서라도 브랜드의 노출을 명확하게 밝히는 것이 바람직하다.

브랜드 마케터와 광고대행사 마케터는 기존의 마케팅 성공 방정식을 잊지 못하고, 광고를 제작하던 기존 방식대로 브랜드를 일방적으로 노출하는 푸시형 메시지를 브랜디드 콘텐츠에 담으려는 경향이 강하다. 또 단기적인 성과를 달성하려는 경향이 크다. 하지만 이러한 방향성은 브랜디드 콘텐츠, 그중에서도 네이티브 광고와는 맞지 않는다. 콘텐츠·미디어 사업자들은 이러한 브랜드 마케터를 합리적으로 설득해야 한다.

일반적으로 콘텐츠·미디어 사업자는 브랜드 마케터를 설득할 때 What-How 순으로 설득한다. 즉, What(우리에게 정말 괜찮은 콘텐츠 기획이 있어요. 브랜드 노출이 가능합니다. 제품의 특장점을 알려주세요), How(그 노출은 우리 영상의 주연 캐릭터가 사용해 잘 부각시킬 거예요) 순서로 설득하고 정작 필요한 Why는 이야기하지 않는다. 설득을 한다면 Why-How-What 순서로 설득하자. 즉, Why(우리는 현재 상황에서 브랜드의 메시지 방향성과 브랜드가 어떤 어려움에 있는지를 같이 이야기하면 좋을 것 같아요), How(브랜드의 방향성이 우리가 기획하는 라이프스타일 콘텐츠와 잘 어울릴 것 같아요), What(브랜드와 제품의 특장점을 우리 콘텐츠에 이렇게 노출시키려고 합니다) 순서로 설득한다면 매력적인 제안이 될 것이다. 마지막으로 브랜디드 콘텐츠가 브랜드의 목표 달성에 도움이 된다는 명확한 성과 목표를 제시하자. 단기적이든 장기적이든 구체적인 목표가 있는 것과 없는 것은 마케터가 브랜디드 콘텐츠 제작 여부를 결정하는 데 매우 중요한 잣대가 된다.

OPTION

05

네이티브 광고

브랜디드 콘텐츠의 한 종류인 네이티브 광고는 어떻게 시작되었을까? 브랜드 마케터들에게 각광 받고 있는 네이티브 광고의 역사는 꽤 오래 전으로 거슬러 올라간다. 최초의 네이티브 광고는 1897년 농업 잡지 『더 퍼로The Furrow』 발행인 존 디어John Deere가 농작물을 팔 때 좀 더 많은 수익을 올리는 방법에 대한 정보를 잡지에 제공하면서 농기구를 함께 소개한 것이라고 알려졌다. 그 당시 디어는 해당 잡지의 소유주로서 이런저런 기사를 구성하면서 자신이 판매하는 제품을 우연히 기사에 넣었을 것이다.

소비자가 일방적인 광고를 점점 보지 않으면서, 마케터의 고민이 점점 깊어진다. TV 매체의 시청률이 낮아지고 TV를 보더라도 광고는 보지 않는 소비자가 늘고 있다. 소비자가 직접 돈을 내고 보는 극장에서 광고를 틀지 말라는 극장 관람객의 청원이 줄을 잇고 있다. 심지어 비행기 추락 사고에서 살아남을 확률이 웹 배너광고를 클릭하는 확률보다 몇백 배 높다고도 한다. 그 많은 영상광고와 웹 디스플레이 광고는 이제 더 이상 효용성이 없는 것일까? 소비자는 노골적인 광고를 외면하고 기업은 자신의 메시지를 전달하는 방법을 잃고 있다.

최근에 네이티브 광고가 이러한 어려움을 해결할 수 있는 방안으로 각광 받고 있다. 네이티브 광고는 광고로만 보이지 않는 광고이다. 일반 광고와는 다르게 매체 형태나 콘텐츠의 주제에 자연스럽게 포함되어 콘텐츠 같은 인상을 준다. 네이버, 구글에서 검색했을 때 나오는 검색어 광고, 페이스북 뉴스피드에 올라오는 광고성 기사, 신문사 사이트나 지면에서 일반 기사와 동등하게 배치되는 협찬 기사 등이 대표적인 네이티브 광고이다.

엄밀하게 말해 협찬 여부를 명기하지 않고 기사 면에 노출되는 광고는 애드버토리얼이며, 네이티브 광고와는 다른 영역이다. 마치 신문 기사처럼 구성된 애드버토리얼은 독자로 하여금 일반 신문 기사로 인식하게 했고, 실제 일부 독자는 광고가 아닌 신문 기사로 인식하고 받아들였다. 최근 멀티채널 네트워크MCN, Multi-channel Network 플랫폼 미디어 사업자의 보유 채널에도 협찬 형태의 정보성 동영상이 등장하는데 이러한 형태도 네이티브 광고라고 할 수 있다.

“데이터는 정보가 아니고, 정보는 지식이 아니며, 지식은 이해가 아니고, 이해는 지혜가 아니다.”

– 클리퍼드 스톨Clifford Stoll

네이티브 광고는 모든 광고 형태에 적용될 수 있지만, 동영상 형태의 네이티브 광고는 아이러니하게도 소비자가 더 이상 영상을 보는 것을 기다리지 않게 되면서 등장했다. 즉, 네이티브 광고에 대한 고민이 시작된 것은 소비자가 광고를 보지 않고, 광고를 보더라도 더 이상 신뢰하지 않게 되면서이다.

네이티브 광고의 경우 광고 제작을 지원받았다는 점을 대부분의 경우 명확하게 고지한다. 때로는 고지되지 않더라도 소비자가 이 콘텐츠는 광고라는 점을 쉽게 인지할 수 있다. 네이티브 광고는 무조건 브랜드의 광고성 내용을 알리는 것이 아니라 시청자 또는 구독자에게 충분히 가치 있는 콘텐츠로 이루어진다. 재미, 정보, 감동 등 소비자가 해당 콘텐츠를 유익하게 느낄 수 있는 내용으로 채워진다.

최근의 네이티브 광고는 광고임을 알게 하면서도 네이티브 광고만의 독창성으로 구독자가 해당 콘텐츠를 자연스럽게 소비하도록 하는 한편 광고성 코멘트와 메시지는 최대한 절제한다. 광고 같지 않을수록 도달률이 높아지기 때문이다.

실제 한국언론진흥재단에서 2015년에 조사한 자료에 따르면, 대체로 소비자들이 네이티브 광고에 긍정적인 것으로 나타났다. 소비자들의 70%는 네이티브 광고가 유용한 정보를 준다고 응답했으며, 신뢰성

네이티브 광고에 대한 이용자 인식

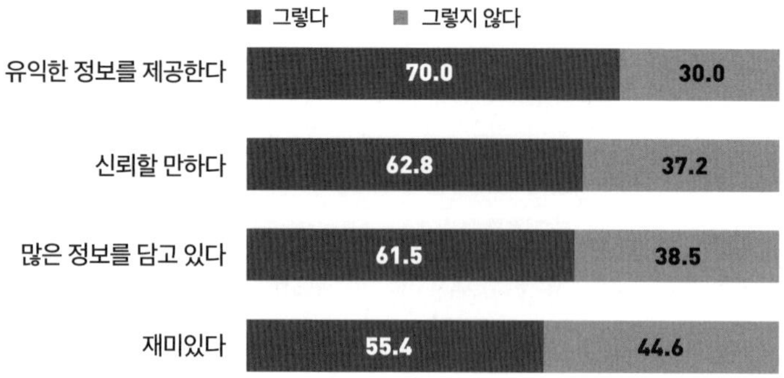

출처: 한국언론진흥재단 연구센터(온라인 서베이, 2015년 5월 27~28일)

이 있다고 답한 소비자도 62.8%에 달한다. 또 재미있다고 답한 소비자가 55.4%로 재미, 정보, 신뢰성 측면에서 네이티브 광고에 합격점을 주었다.

모바일상의 네이티브 광고에 대한 조사 결과를 살펴보면, 네이티브 광고에 대한 선호도가 점점 증가하는 것을 쉽게 확인할 수 있다. 미국 조사 기관인 이마케터e-Marketer는 미국의 경우 전체 디지털 디스플레이 광고 예산에서 네이티브 광고 예산 비중이 2015년 6.7%에서 2020년에는 15.0%가 될 것으로 추정할 정도로 높아지고 있다. 국내 마케터들을 대상으로 DMC미디어에서 2016년에 설문 조사한 결과에 따르면 2017년 배너광고에 대한 비용 집행 비중은 2016년보다 3%p 감소하는 반면, 네이티브 광고의 집행 비중은 2.3%p 증가할 것으로 예상

되었다.

최근에는 네이티브 광고에서 동영상 바람이 불고 있다. '72초TV'가 삼성전자와 제작한 '블루투스 헤드셋 레벨U' 네이티브 광고는 처음부터 광고임을 분명히 밝히고 영상을 주요 디지털 채널에 노출했다. 결과는 72초TV가 제작한 일반 오리지널 콘텐츠의 조회수나 '좋아요' 수에 못지않은 호응을 얻었다. 솔직한 네이티브 영상을 통해 소비자의 공감을 이끌어 냄으로써 성공적인 커뮤니케이션 캠페인을 진행한 것이다.

화제가 되었던 이마트 광고는 짧은 모바일 웹드라마 형식을 빌려 신혼부부에게 있을 수 있는 공감 가는 스토리에 이마트의 '세계 맥주'와 '피코크'를 자연스럽고 재미있게 알렸다.

글랜스TV가 현대자동차와 함께 제작한 「그것이 알고 싶코나」 네이티브 광고 또한 패러디 형식으로 제작되어 디지털 채널에서 큰 반향을

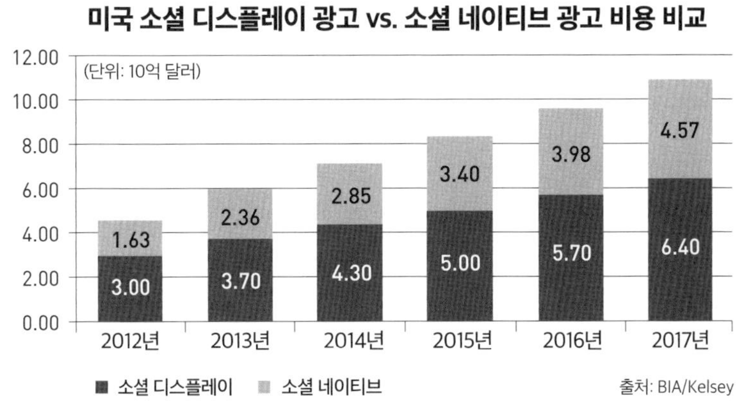

일으켰다. 제목에서 이미 현대자동차의 소형 SUV 코나 광고임을 밝히고 있지만, 콘텐츠에서는 최대한 광고성 노출을 자제하고 코나를 구매할 만한 2030 세대 여성 고객층의 공감을 이끌어 냈다.

첫 차를 구매하는 소비자가 자동차 구매 과정에서 겪을 수 있는 상황들을 위트 있게 보여줌으로써 차를 처음 사려는 고객층이 자동차 구매에 대해 갖는 막연한 두려움에서 벗어나는 데 도움을 주었고, 소비자가 소형 SUV를 고려할 때, 코나 차종을 먼저 떠오르게 하는 데 기여했다.

ON YOUTUBE

글랜스TV에서 제작한 「그것이 알고 싶코나」는 자칫 어렵고 딱딱하게 느낄 수 있는 자동차에 대한 이야기를 여성 시청자들이 공감할 수 있는 이야기로 녹이고 패러디 형식으로 보여줌으로써 소비자들의 관심을 이끌어 냈다. TV 프로그램 「그것이 알고 싶다」를 패러디한 B급 코드의 내용이지만 퀄리티는 떨어지지 않아 2천 회 이상의 공유를 끌어냈다.

네이티브 광고 콘텐츠를 제작할 때 장점은 무엇일까? 우선 연예인 수준의 유명 셀럽을 모델로 기용하더라도 일방적인 광고 영상 제작보다 낮은 수준의 출연료로 협의할 수 있다. 대놓고 하는 광고가 아닌 일반 디지털 콘텐츠로 보일 가능성이 높기 때문에 출연자 입장에서도 광고 노출로 인한 부담감이 상대적으로 적다.

또한 네이티브 광고는 직접적인 광고로 보이지 않아서 확산성이 높다. 소비자 입장에서도 콘텐츠를 광고로만 보지 않기 때문에 콘텐츠 자체의 감동과 재미가 있다면 적극적으로 콘텐츠를 공유하고 확산할 가능성이 높다. 네이티브 광고는 장기적으로 소비자가 직접 찾아보는 콘텐츠가 될 가능성이 높아 콘텐츠의 수명 또한 긴 편이다. 따라서 단기적 성과보다는 장기적으로 브랜드 인지도를 확산한다는 관점에서 광고를 진행하는 것이 바람직하다.

ON YOUTUBE

이마트 웹드라마 「나의 소중한 세계」는 떠오르는 신예 콘텐츠 제작 회사인 '돌고래유괴단'에서 제작한 영상이다. 이 회사는 2017년 현재 직원 6명 중 4명이 영화를 찍던 사람들로 구성되었으며, 광고업계에서 시작하지 않은 독특한 경력 때문에 기존 광고 방식의 틀에서 벗어난 새로운 접근들을 시도한다. 우리 일상에서 쉽게 공감할 수 있는 가족과 현실에 대한 이야기와 마지막 반전에는 사람들로 하여금 여러 가지 감정에 빠져들게 하는 매력이 있다.

네이티브 광고를 진행할 때 고려해야 할 점은 무엇일까?

첫째, 해당 파트너사가 제시하는 매체 노출 범위와 콘텐츠 제작 능력을 객관적이고 정확하게 판단해야 한다. 일방적으로 부풀린 매체 노출 범위를 제시하는 것은 아닌지, 기존에 제작한 콘텐츠보다 품질이 떨어지지는 않는지 살펴봐야 한다.

둘째, 콘텐츠는 유도Pull 형태로 제작해야 한다. 동영상 형태의 네이티브 광고를 제작할 경우 모바일 콘텐츠 소비 환경을 고려해 짧고 재미있는 모바일 웹 예능이나 웹드라마가 유효한 콘텐츠 형식이다.

셋째, 네이티브 광고 콘텐츠를 노출할 때 매체 선택이 매우 중요하다. 브랜드 성격에 적합한 매체를 선택하고, 타깃 고객층에 맞는 브랜드 콘텐츠 전략을 설정하고 실행해야 한다. 브랜드의 자사 채널에서 노출할 경우, 일방적인 광고 콘텐츠로 오해받을 수 있기 때문에 자사 채널의 성격을 고려해 온드 미디어 노출 여부를 결정해야 한다. 전체적으로 상품을 소개하는 홈페이지에서 네이티브 영상 콘텐츠를 노출하면 해당 콘텐츠를 광고로 오해할 소지가 있기 때문에, 온드 미디어에 노출하더라도 최대한 광고성 정보가 적은 채널 위주로 배포하는 것이 바람직하다. 따라서 자사의 온드 미디어가 어떤 매체로 인식되는지를 판단한 다음, 온드 미디어에 노출할지 말지를 결정해야 한다.

넷째, 콘텐츠 제작으로 모든 과정이 끝났다고 생각하지 말고, 타깃 고객들이 해당 콘텐츠를 볼 수 있도록 검색 최적화를 고려하고 다양한 콘텐츠 노출 경로를 설정해야 한다.

다섯째, 파트너사를 선정했다면 파트너사를 신뢰하고 미디어 회사가 제작하는 콘텐츠 방향성을 유지해야 한다. 브랜드의 개입이 많아질수록 네이티브 광고는 네이티브 광고가 아닌 일반 광고에 가까운 콘텐츠가 될 가능성이 높아진다. 이 점을 가장 유념해야 하는데 가장 지키기 어려운 항목이기도 하다. 그럼에도 이 지점에서 균형을 잘 잡아야만 본래 목적에 가까운 네이티브 광고를 제작할 수 있다.

앞에서 이야기한 것처럼 소비자가 TV광고를 볼 확률이 점점 낮아지고 있다. 젊은 세대로 넘어갈수록 그 정도가 더 심하다. 한편 콘텐츠 양이 크게 증가하고 있다. 다양한 미디어와 브랜드가 다수의 디지털 채널로 콘텐츠를 생산, 배포하고 있으며, 고객들의 SNS 타임라인에서 노출되고자 서로 경쟁하고 있다. 아예 이런 치열한 경쟁 상황을 피하기 위한 브랜드 저널리즘 형태의 커뮤니케이션도 곳곳에서 나타나고 있다.

고객이 반응하지 않는 콘텐츠는 의미가 없다. 기껏 만들어놓은 광고를 아무도 보지 않는다면 그 광고를 제작한 의미가 무엇인가. 이제 디지털 마케터는 타깃 고객층에게 효과적으로 콘텐츠를 도달하게 하는 방법을 고민해야 한다. 동시에 디지털 콘텐츠가 소비자에게 많이 공유되는 방법을 고민해야 한다. 이 시대의 마케터들에게 네이티브 광고는 이에 대한 훌륭한 대안임이 틀림없다.

OPTION

06

멀티채널 네트워크

몇 해 전 손수 제작물을 뜻하는 UCCUser Created Contents라는 용어가 유행한 적이 있다. 누구나 촬영기기를 가지고 쉽게 영상을 제작하고, 편집할 수 있는 환경이 되면서 많은 사람이 UCC 문화에 빠져들었다. UCC와 관련된 영상 경연 대회가 많이 열렸고, 이노션을 비롯한 종합 광고 대행사들은 UCC를 활용해 인재를 채용하기도 했다. UCC라는 용어가 사라지면서 자연스럽게 1인 미디어라는 개념이 등장했다. UCC가 동영상 콘텐츠 제작에 국한된 면이 있는 용어라면 1인 미디어는 스스로 제작할 뿐 아니라 편집도 하고, 영상을 포스팅하여 주변의 많은 사람에게 전파하는 역할까지 포함된 개념이다.

이처럼 1인 미디어는 UCC 플랫폼에 기반을 둔 미디어이다. 각종 패러디와 재치 있는 영상들이 인터넷이라는 디지털 네트워크를 통해 빠르게 공유되었고, 이와 같은 흐름이 1인 미디어의 부상을 이끌었다.

이러한 1인 미디어의 활성화에 영향을 준 동영상 사이트가 바로 유튜브이다. 유튜브는 자타 공인 세계 최대의 동영상 서비스를 제공하는 회사이다. 전 세계에서 10억 명 이상이 유튜브를 사용하는데, 이는 인터넷 사용 인구의 30%에 해당하는 수치이다. 유튜브의 동영상 기술은 세계 동영상 스트리밍 기술의 표준이라고 말할 정도로 막대한 영향력을 발휘하고 있다. 지상파 TV가 독점적으로 차지했던 동영상 서비스 제공자의 지위를 이미 유튜브가 상당히 무너뜨렸다.

이러한 유튜브의 동영상 업로드와 배포의 용이성이 새로운 시장의 가능성을 열었다. 유튜브로 인해 다양한 동영상 제공 서비스가 등장했으니, 바로 1인 미디어와 멀티채널 네트워크MCN 플랫폼이다. 사실 이들의 발생과 진화는 유튜브 활성화와 함께한다고 말해도 지나치지 않다.

“모든 진보는 익숙한 영역이 아닌 곳에서 이뤄진다.”

– 마이클 존 바백Michael John Bobak

플랫폼의 발전과 함께 플랫폼을 활용해 콘텐츠를 제작하고 또 콘텐츠로 수익을 창출하는 1인 미디어가 등장했다. 앞서 언급한 다양한 형태의 인플루언서가 바로 1인 미디어의 대표 사례이다. 갈수록 1인 미디어의 소비자 영향력이 커지고 있는데, 유튜브의 1인 미디어는 유명

배우나 가수와 같은 셀러브리티보다 광고에 더 효율적이라는 의견이 있을 정도이다. 이들은 팬들과 직접적이고 지속적으로 소통하며 높은 친밀도를 유지한다. 실제 미국 10대 소비자의 70%는 유튜브 1인 미디어 운영자를 유명 연예인보다 더 친밀하다고 느끼며, 유튜브 1인 미디어 운영자들이 트렌드와 문화를 선도하는 트렌드 리더라고 인식하고 있다. 조사 결과 유튜브 시청자 60%가 1인 미디어의 영향을 받아 제품을 구매한 경험이 있다고 응답했다.

MCN 플랫폼 기업은 1인 미디어 여러 개를 하나의 큰 집단으로 엮은 기획사와 같은 역할을 수행한다. 때로는 자체적인 크리에이터 육성 프로그램으로 다양한 카테고리 콘텐츠의 크리에이터를 양성하기도 한다. 사실 이와 같은 현상은 필연적이라고 볼 수 있다. 콘텐츠가 많아질수록 해당 콘텐츠에 대한 제한된 수요 안에서 선택받을 확률은 낮아진다. 시청자 수는 고정되어 있고, 시청 시간이라는 물리적 개념도 제한적이기 때문에 어쩌면 당연한 결과일지도 모른다. 사람들은 기업화된 집단 내에서 창작을 함으로써 위험도 줄이고, 방송 장비나 스튜디오 같은 고급 시설을 활용하고 싶을 것이다. 대표적으로 양띵, 악어, 김이브 등 1인 미디어 크리에이터가 협업해 만든 트레져헌터와 같은 MCN업체가 그 필요성을 쉽게 확인해준다.

MCN 비즈니스는 계속 확장되는 추세이며, 1인 미디어 크리에이터의 수도 급격하게 늘고 있다. 기존 셀럽도 자신이 보유한 콘텐츠 영향력과 인지도를 앞세워 진출하고 있고, 새로운 아이디어로 무장한 크리에이터들도 속속 진입장벽이 낮은 이 시장에 진출하고 있다. 우리나라에서는 아프리카TV나 다이아TV가 성장하고 있으며, 글로벌 IT업체들은 1인 미디어 관련 업체와 MCN업체를 앞다퉈 인수하고 있다. 2014년에는 아마존이 트위치를 인수하고, 구글이 디렉터를 인수했다. 2015년에는 페이스북이 퀵파이어를 인수했다.

MCN 비즈니스는 경쟁력 있는 크리에이티브를 기반으로 채널의 한계를 넘어 미디어 산업계에 새로운 바람을 일으키고 있다. 지상파 등 대형 콘텐츠 사업자들 사이에서 1인 미디어가 동등하게(?) 경쟁할 수 있는 환경을 만들고 있다. 즉 열악한 UCC 수준의 콘텐츠가 아니라 품질에서도 기성 제작사 못지않은 콘텐츠를 양산할 수 있는 환경을 제공한다. 제작과 콘텐츠 유통을 지원하여 크리에이터가 콘텐츠에만 집중하게 함으로써 저비용에도 양질의 콘텐츠를 제작할 수 있게 하는 것이다.

콘텐츠의 독특한 차별점까지 더해지면서 콘텐츠 소비자에게 지속적으로 선택받을 수 있는 기회를 늘리고 있다. MCN 플랫폼으로 니치niche 콘텐츠를 제작할 수도 있기 때문에, 소비자의 개인화된 콘텐츠 제작에도 유용한 플랫폼으로 성장할 것으로 보인다. 세분화된 시청자의 욕구를 충족할 수 있는 콘텐츠 제작이 가능하기 때문에 시청자에게 선택받을 확률 또한 높아진다.

물론 MCN 플랫폼을 디지털 커뮤니케이션 수단으로 활용할 때 고려해야 할 문제도 있다. 많은 크리에이터가 경쟁해서 레드 오션이 되고 있고, 일부 인기 있는 크리에이터들의 독점적 지위가 문제 되고 있다. 또한 방송 관련 규제에서 벗어나 있어서 폭력성이 그대로 노출되는 등 사회문제도 종종 발생한다. 무엇보다 시청자 집단이 10대에서 30대에 한정되었다는 점이 해당 플랫폼의 가장 큰 한계이다.

광고주는 효율성을 가장 중요하게 생각한다. MCN 플랫폼에 관심을 가져야 하는 이유이다. MCN 사업자는 여러 크리에이터를 엮어 콘텐츠를 제작하거나 광고주에게 특화된 콘텐츠를 제작하는 데 효율적인 사업 구조를 갖고 있다. 게다가 큐레이션이 가능한 콘텐츠이기 때문에, 전문성 높은 콘텐츠를 기반으로 해당 영역에서 막대한 파급력을 발휘할 수 있다. 갈수록 미디어가 세분화되고 다양화됨에 따라 MCN 플랫폼의 역할이 점점 더 중요해질 것이다.

MCN 플랫폼은 죽어가는 콘텐츠에 생명력을 주는 새로운 플랫폼으로 평가받는다. 적은 비용으로 이들이 가지고 있는 네트워크를 활용할 수 있다면 광고 마케팅 커뮤니케이션에도 유용한 방안임에 틀림없다. MCN 플랫폼은 미래의 미디어로서 사람들이 원하는 콘텐츠를 미리 제공하는 유용한 플랫폼이 될 것임이 분명하다. 따라서 MCN 플랫폼의 성장에 관심을 가지고, 마케팅 커뮤니케이션과 어떤 융합을 이루어 낼지에 대한 지속적인 연구가 필요하다.

이미 소비자들은 TV보다 모바일을 이용한 콘텐츠 소비에 익숙하다. 기존 미디어가 정해놓은 날짜와 시간에 얽매이지 않고, 각자 취향에 맞는 콘텐츠를 다양한 디지털 미디어, 특히 모바일에서 직접 찾아 본다. 기존 미디어도 이런 흐름에 점차 익숙해져서 소비자 중심으로 콘텐츠를 유통하는 구조에 적응하고 있다.

이제 콘텐츠 생산자와 소비자는 옴니채널Omni-Channel 생태계 안에서 저마다 생존을 궁리해야 하며, 콘텐츠 생산자의 일원인 마케터의 역할이 점점 중요해지고 있다. 최근 MCN 플랫폼 기업은 브랜디드 콘텐츠 제작을 포함해 다양한 영역으로 진출을 확대하고 있다. 본래의 의미인 멀티채널 네트워크뿐 아니라 멀티 콘텐츠 네트워크와 멀티 크리에이티브 네트워크까지 생산하는 기업으로 성장할 것으로 기대된다.

OPTION

07

소셜 마케팅

누구나 미디어인 시대가 되었다. 트위터에서, 페이스북에서, 인스타그램에서, 스냅챗Snapchat에서 우리는 친구들과 관계를 맺고 내 이야기와 내가 관심 있는 주제들을 공유한다. 이런 현상은 일시적 유행이 아니라 미디어 플랫폼이 달라졌다는 것을 의미한다.

한국언론진흥재단의 『2016 한국언론연감』과 『2016 언론수용자 의식조사』에 따르면, 가정에서 종이신문을 정기 구독하는지 조사한 결과, 정기 구독을 한다는 응답자가 14.3%로 조사되었다. 종이신문의 최대 전성기였던 1996년의 정기 구독률 69.3%에 비교하면 5분의 1 수준으로 급락했다. 열독률은 2000년 81.4%에서 2014년 30.7%로 50%

이상 줄어들었다. 한때 지하철역 주변에서 쉽게 받을 수 있었던 수많은 무가지가 소리 소문 없이 사라졌다. 영국의 일간지 『인디펜던트』는 2016년 종이신문을 폐간하고 온라인 전문 언론사로 전환했고, 80년 역사에 주간 최대 발간 부수 400만 부를 자랑하던 『뉴스위크』가 2012년 인쇄 주간지는 폐간하고 인터넷판으로 전환했다. 『월스트리트저널』과 『뉴욕타임스』 같은 디지털화에 앞장선 신문들의 온라인 구독자 수가 신문 구독자 수를 이미 오래전에 앞질렀다.

그 많은 종이신문을 사던 사람들은 어디 갔을까? 『2016년 언론수용자 의식조사』에 따르면 모바일 인터넷 뉴스 이용률이 70.9%를 돌파했다고 한다. 특히 2030 세대의 모바일 뉴스 이용률은 94%에 육박하고 40대도 90%대이며 50대의 모바일 뉴스 이용률도 67.4%에 이르렀다. 이에 따라 『허핑턴포스트』, 『데일리메일』과 같이 소셜미디어를 중심으로 뉴스 정보를 제공하는 매체의 영향력이 굉장히 높아졌다고 한다.

"세상에서 가장 어려운 일은 새로운 아이디어를 수용하도록 하는 것이 아니라, 과거의 아이디어를 잊도록 하는 것이다."

– 존 메이너드 케인스 John Maynard Keynes

지난 몇 년 동안 소셜미디어가 굉장한 영향력을 확보하는 사이 몇몇 기업은 소셜미디어 커뮤니케이션을 소홀하게 대했다. 소셜미디어에 대한 막연한 두려움이 큰 원인이다. 소셜미디어를 운영하는 데 드는 비용이 크지는 않을지, 소셜미디어에 소비자의 불만이 공개적으로 노출되는 것은 아닌지 등이 우려스러워 소셜미디어에 대한 투자를 망설였다. 투자를 하더라도 그 목적에 맞지 않게 잘못된 방향으로 소셜미디어를 운영하는 기업이 상당히 많았다. 소셜미디어에 대한 정확한 이해를 바탕으로 소셜미디어별로 목적을 부여하고 운영하는 것이 반드시 필요한 이유이다.

사실 소셜미디어는 페이드Paid 미디어인 전통 매체와도 다르고, 홈페이지 등 온드 미디어와도 다른 프로세스와 성격을 가진다. 돈을 쓰지 않아도 자발적인 홍보, 마케팅이 되는 경우도 발생한다. 코카콜라의 초기 유튜브 계정과 스타벅스의 초기 페이스북 계정은 기업에서 만든 것이 아니다. 브랜드에 대한 충성심이 높은 팬들이 자발적으로 콘텐츠를 생성하고 포스팅해 해당 브랜드에 관심이 많은 고객층을 불러 모은 사례이다.

따라서 각 소셜미디어의 특징을 제대로 이해해야 그에 따른 대응을 할 수 있다. 페이스북은 피드에 콘텐츠를 제공하고 사용자들이 콘텐츠를 공유하는 방식으로 확산되는 장점이 있다. 소비자가 직접 타인과 공유하는 디지털 바이럴의 활성화를 원하거나 최신 트렌드에 맞는 콘텐츠를 제작했을 때 페이스북을 활용한다면 좀 더 빠른 성과를 기대할 수 있다.

인스타그램은 브랜드의 일관된 이미지를 전달하는 데 적합한 소셜미디어이다. 1분 이내의 짧은 동영상으로 감각적인 메시지를 전달하고 싶다면 인스타그램이 적합한 미디어이다. 인스타그램은 최근 부상하는 인플루언서 마케팅이 가장 활성화된 소셜미디어 채널이다.

상위 15개 소셜미디어

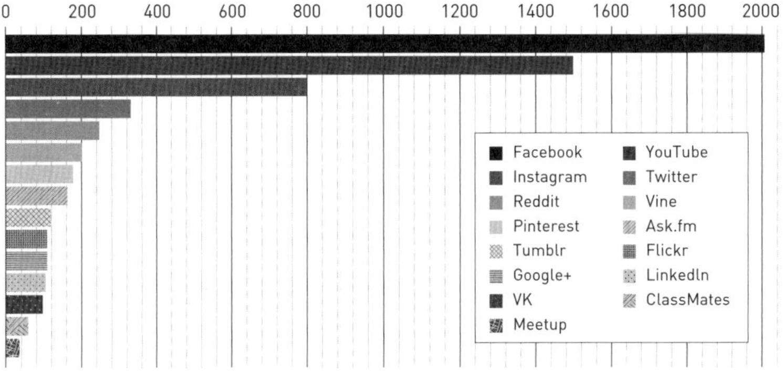

2017년 10월 현재 출처: Dreamgrow

2011년에 등장한 스냅챗은 미국 10대를 중심으로 빠르게 인기를 얻은 채널이다. 소셜미디어 채널에서 휘발성이 강한 메시지를 무기로 기존 소셜미디어의 아성에 도전하고 있다. 스냅챗은 스마트폰으로 찍은 셀프 카메라에 여러 가지 이미지와 레이어를 줘서 재미있는 사진이나 영상을 만들고 다른 사람에게 전송하는 메신저 서비스이다. 보고 나서 일정 시간이 지나면 자동 삭제할 수 있는 영상과 이미지를 통해 사람들에게 새로운 재미를 주고 있다. 이러한 순간성과 세로형 콘텐츠라는 장점을 바탕으로 새로운 형식의 콘텐츠 플랫폼으로 진화하고 있다.

지금 가장 핫한 소셜미디어의 트렌드를 파악하는 것도 중요하다. 최초의 SNS 서비스였던 1997년 식스디그리스SixDegrees와 2003년 마이스페이스MySpace 이후 현재 소셜미디어의 최강자 자리는 페이스북이 차지하고 있다.

2017년 7월 페이스북의 CEO 마크 저커버그는 페이스북의 월간 액티브 유저가 20억 명을 넘었다고 발표했다. 뒤를 이어 유튜브가 15억 명, 인스타그램이 액티브 유저 기준으로 8억 명을 넘어섰다. 트위터와 레딧Reddit은 각각 약 3억 명의 액티브 유저를 보유하고 있다. 소셜 네트워킹 앱의 액티브 유저를 확인하면, 왓츠앱Whatsapp이 가장 많은 사용자인 13억 명을 기록하고 있고, 그 뒤를 페이스북 메신저 12억 명, 위챗Wechat이 9억 명 이상의 사용자를 기록하고 있다.

그렇다면 어느 기업이 이러한 소셜미디어 채널을 잘 활용할까? 스타벅스는 소셜미디어를 가장 잘 활용하는 기업이다. 광고를 하지 않는 스타벅스가 소셜미디어에 집중하는 이유는 간단하다. 비용 효율이 높기 때문이다. 스타벅스는 마이스타벅스 아이디어, 블로그, 트위터, 페이스북, 유튜브, 링크트인, 플리커 등 11가지 소셜미디어 채널을 운영하고 있다. 각 소셜미디어는 콘텐츠의 성격, 팬들의 충성도, 제공하는 정보 수준에 따라 각기 다른 지향점 아래 운영되고 있다.

먼저 2017년 현재 3700만 명이 넘는 팬을 보유한 스타벅스의 페이스북은 사용자들이 서로 이야기를 나눌 수 있는 공간을 제공해 고객들 간의 충분한 교감을 만들어 내는 채널로 활용된다. 이를 통해 고객들이 직접 신제품 아이디어를 내고 스타벅스는 이에 맞는 새로운 메뉴를 선보이기도 한다. 블로그는 스타벅스에 대한 충성도가 높은 사람들이 모이는 곳이고, 트위터는 소비자가 궁금한 점이 생기면 즉각 즉각 답변하거나 최신 뉴스를 전달하는 채널로 활용되고 있다. 스타벅스의 소셜미디어 팀은 모두 스타벅스 매장에서 바리스타 경력이 있는 직원들을 운영자로 참여시켜 매장에서 소비자와 직접 이야기하는 매장 직원의 입장에서 친근한 메시지를 전달하려고 한다.

반면 유나이티드 항공은 소셜미디어에 잘못 대응한 사례로 손꼽힌다. 캐나다 뮤지션 데이브 캐럴Dave Carroll이 자신의 기타를 소홀하게 취급해 기타를 부러뜨리고도 배상하지 않은 유나이티드 항공을 고발하는 'United Brokes Guitars'라는 곡을 유튜브에 업로드했다. 이 영상을 1000만 명 이상이 시청하면서 유나이티드 항공의 브랜드 이미지에 타격을 줬을 뿐 아니라 주가까지 떨어뜨렸다.

모든 소셜미디어가 성공하는 것은 아니고, 또 현재 위상을 계속 유지한다는 보장도 없다. 하지만 기존의 비즈니스와는 다르게 모든 사용자가 무료로 사용할 수 있는 소셜미디어는 그야말로 무한한 마케팅 성과를 달성할 수 있는, 마케팅 비즈니스에서 기회의 땅이다. 페이스북에 채널 하나를 열고 기업의 메시지를 전달하는 것이 상대적으로 적은 노력과 비용으로 성과를 기대할 수 있는 방법이다. 소셜미디어가 유의미한 가장 중요한 이유는 로그인 기반 데이터이기 때문이다. 과거 기업들은 자사 홈페이지에 고객들을 회원으로 가입시키기 위해 큰 비용을 지출했다. 하지만 원하는 만큼의 성과는 얻지 못했다. 소셜미디어상에서는 이미 로그인 기반의 활동을 트래킹하기 때문에 유의미한 데이터를 확보할 수 있다. 우리가 PC나 모바일 웹에서 검색을 할 때는 흔히 로그인을 하지 않지만 소셜미디어를 활용하려면 무조건 로그인을 해야 하기 때문에, 인구통계학적 데이터에 근거한 각종 마케팅 커뮤니케이션이 효과적일 확률이 높다.

인스타그램과 페이스북에 올라온 게시글에 대응하는 방식이 기존 전통 기업의 단계별 승인 과정을 거치게 하는 것일 수는 없다. 과거 ARS 전화처럼 적합한 부서를 찾아 전화번호를 안내해주는 절차를 소셜미디어 시대를 살고 있는 소비자들에게 이야기할 수는 없는 것이다.

소셜미디어에 대한 철저한 이해를 바탕으로 디지털 커뮤니케이션 시대의 승자가 되자. 이제 디지털 마케터들은 몇 가지 제한된 채널로 소비자와 커뮤니케이션하던 시대로 회귀할 수 없다. 지난 몇백 년간 일방적인 메시지 전달에 익숙했던 마케터들이 이제는 소셜미디어로 소비자와의 커뮤니케이션에 익숙해져야 한다.

OPTION

08

디지털 미디어

디지털 미디어란 무엇인가. PC 웹의 등장과 함께 인터넷광고, 온라인 마케팅으로 불리던 디지털 광고는 모바일 시대가 도래하면서 '디지털 미디어 광고'라는 이름으로 불리고 있다. PC 중심의 디지털 미디어가 모바일 중심의 디지털 미디어 환경으로 바뀌면서 기존 디지털 미디어의 노출 방식과 효과 측정 방식에도 큰 변화가 생기고 있다.

기존 전통 매체 광고는 불특정 다수를 대상으로 삼았다. 따라서 전달하려는 메시지 역시 고객 전반을 아울러서 누구나 이해할 수 있게 만드는 경우가 많았다. 그러다 보니 타깃층에만 메시지를 전달하기 힘들었기 때문에 매체비가 적잖게 발생했고, 어느 정도 콘텐츠의 범용성이 필요한 시기였다.

"무엇이 중요한 문제인가? 올바른 일을 하는 것과 일을 제대로 하는 것 사이에 놓인 효과와 효율성의 혼란에서 모든 문제는 비롯된다. 확실한 것은 하지 않아도 될 일을 효율적으로 하는 것만큼 쓸모없는 일은 없다는 것이다."

– 피터 드러커

사실 1980년대 이전, 공급자 중심의 시장에서 광고의 주목적은 소비자의 인지와 브랜드 노출이었기 때문에 타깃 구분이 큰 의미가 없었다. 산업의 성장과 더불어 광고 커뮤니케이션 시장은 전체 산업의 성장세보다 높은 수준으로 꾸준히 성장했지만, 디지털 미디어가 주류 미디어로 성장하게 되고 낮은 경제성장률이 지속적으로 예상되면서 광고 시장은 과거 10%대의 높은 성장률을 뒤로하고, 현재 1~2%라는 낮은 성장률을 보이고 있다.

그렇다면 주류 미디어가 된 디지털 미디어는 어떠한가? 한국방송광고진흥공사KOBACO 방송통신광고 통계시스템의 조사에 따르면, 2013년 이후 4대 매체를 통한 광고는 유지 또는 마이너스 성장을 한 반면에 모바일 광고는 폭발적으로 성장한 것으로 나타났다.

한국온라인광고협회에 따르면, 우리나라 디지털 광고 시장은 2001년 1280억 원 규모로 시작하여, 웹 2.0 시대의 분기점인 2008년 1조 2800억 원을 넘겼다. PC 웹이 디지털 광고 시장의 대부분이던 시기인

2001년부터 2008년까지는 키워드 광고와 디스플레이 광고가 많은 부분을 차지했지만 지금은 모바일과 소셜미디어가 제공하는 광고 상품을 중심으로 새로운 디지털 광고 시장이 형성되었다. 모바일 광고 시장이 2011년 700억 원대 규모에서 2015년 1조 원 이상의 규모로 성장했고, 2017년부터는 2조 원 이상의 규모로 성장할 것으로 예상되고 있다.

제일기획에서 발표한 '대한민국 국내 총광고비 2016년 결산 및 2017년 전망'에 따르면 2016년 국내 광고 시장은 2015년 대비 1.5% 성장한 10조 8831억 원이었다. 지상파 TV광고 물량과 인쇄매체 광고비는 하락했지만, 모바일 광고 시장 규모는 전년 대비 36% 이상 성장한 총 1조 7453억 원으로 전체 광고 시장에서 점유율 2위를 기록했다. 또 2017년 모바일 광고 물량은 2조 1493억 원으로 시장점유율 1위를 달성할 것으로 예상되었다.

2015년에 처음으로 3조 원을 돌파한 디지털 미디어 광고 시장은, 2016년에 3조 3825억 원 규모로 커졌지만, PC 광고는 1조 6372억 원으로 전년 대비 약 4.9% 하락했다. 현재 우리나라는 60대 이상 연령대를 제외한 전 연령대에서 80% 이상이 스마트폰을 쓰고 있다. 어느새 모바일 광고가 PC 웹 광고 물량을 넘어섰다. 2012년 이후로는 디스플레이 광고가 줄어들고 검색 광고는 유지되는 양상을 보이는 한편, 모바일 광고는 늘어났다. 구글의 경우에도 기존의 캐시카우였던 GDN Google Display Network이라고 불리는 디스플레이 광고의 성장 속도보다 유튜브 영상광고의 성장 속도가 더 빠르다. 디지털 광고가 모바일로 집중되면서 벌어지는 현상이다. 페이스북의 경우 전체 광고 매출의 70% 정도가 모바일 광고이다.

초기 PC 웹의 디지털 이미지 기반 광고에서 모바일의 동영상광고가 디지털 광고의 주요 플랫폼이 되고 있다. 또한 광고를 일부 매체에 집중하지 않고 다양한 매체에 나누어 집행하는 미디어 파편화 현상이 나타나고 있다. 이는 지상파 TV의 하락과 함께 케이블TV 채널의 성장과 디지털 채널이 여러 형태로 분화하기 때문이다.

디지털 미디어의 기본 특성은 무엇일까? 디지털 미디어는 크리에이티브의 형태와 배포 과정이 기존 전통 매체와는 상당히 다르다. 디지털 미디어의 가장 큰 특징은 쌍방향 커뮤니케이션이 가능하다는 점이다. 고객이 직접 디지털 채널에 글을 남기거나 메일을 보내지 않더라도 디지털 채널에서는 사용자의 디지털 행위 자체가 흔적을 남겨 해당 사용자의 정보를 획득하고, 특정 광고에 반응할 가능성이 높은 사용자를 골라 정교한 타깃 마케팅을 할 수 있다. 고객의 특징에 따라 각기 다른 메시지를 전달할 수도 있다. 즉 광고 메시지에 차이를 두고 저마다 다른 메시지를 보냄으로써 더 민감한 반응을 이끌어 내는 것이다. 트래킹으로 고객과 관련된 정보를 얻어 내고 그 정보를 활용해 정교하게 세분화하고, 세분화된 타깃층에게 맞춤형 메시지를 전달함으로써 최대의 광고 효과를 끌어내는 방식이다.

과거에는 각각의 매체가 어떤 효과를 거두었는지 측정하는 것이 불가능했지만, 디지털 광고의 경우 어떤 식으로 몇 번 노출되었는지, 반응은 어땠는지 등을 확인할 수 있다. 특히 집행 도중에도 어떤 디지털 매체가 좋았는지 평가하여 바로 매체 집행을 자유롭게 변경할 수 있다.

"진실의 순간, 즉 MOT Moment of Truth는 투우사와 소가 일대일로 대결하는 최후의 순간을 말한다. 투우사가 소의 급소를 찌른 순간, 피하려 해도 피할 수 없는 순간, 실패가 허용되지 않는 순간이다. 고객이 종업원이나 기업의 특정 자원과 접촉하는 15초의 짧은 순간이 회사의 이미지, 나아가 사업의 성공을 좌우한다."

– 얀 칼손 Jan Carlzon

캠페인 도중에도 가장 효과적인 유입 경로를 분석하여 그 경로에 집중적인 매체 노출을 진행함으로써 매체의 효율화를 달성할 수 있게 되었다. 미디어믹스의 지속적인 평가를 통해 믹스를 변경하고 마케팅 최적화를 이루어 낼 수 있게 된 것이다. 4대 매체는 한번 집행이 되면 변경이 거의 불가능하다. 시청자 또는 구독자의 반응을 확인하기도 어렵지만, 확인하더라도 해당 광고의 매체를 중도에 변경하거나 중단할 수 없다. 디지털 미디어는 수정과 중단이 자유롭다. 광고 소재에 대한 소비자 반응이 나쁠 경우, 소재를 변경하거나 미디어 채널을 변경하는 등 즉각적인 조치를 취할 수 있다. 경우에 따라 비교 방식의 AB테스트를 통해 캠페인의 성과를 최적화할 수 있다. 예를 들어 영상의 분량 차이만으로 소비자 반응을 확인하거나 노출 지표를 분석함으로써 더 나은 소재와 매체를 확인하면서 노출을 진행할 수 있다. 디지털 매체는 노출량에 대한 정교한 분석이 일정 부분 가능해서 정교한 광고가 가능하고 비용 효율성 측면에서도 당연히 유리하다. 빅데이터 기술의 발달로 타깃 고객층의 관심사를 정확하게 수치화하고, 언제 어떻게 전달해서 얼마만큼의 반응을 얻을지 예측할 수 있기 때문에 향후 미디어의 중심은 디지털 미디어라는 데에는 의심할 여지가 없다.

과거에는 노출 자체가 중요한 목적이어서 광고를 어떤 TV 프로그램 앞에 또는 뒤에 붙이느냐가 중요했고, TV 프로그램의 영향력이 광고 노출의 커버리지를 좌우했다. 예를 들어 「대양의 후예」와 같이 시청률이 높은 프로그램의 앞뒤에 자사 광고를 배치하는 것이 마케터의 능력이자 광고대행사의 협상력이었다. 하지만 디지털 미디어는 노출 가능성에 대한 지표를 명확하게 측정하고 해당 노출이 실제 의미가 있는지 없는지, 실제 구매층이 존재하는 매체인지 아닌지도 확인이 가능해서 지상파 TV의 시청률 높은 프로그램의 광고 구좌를 확보하기 위한 협상력의 중요성이 점점 작아지고 있다.

어떻게 미디어를 믹스할 것인가. 미디어믹스는 여러 매체를 혼합하여 예상 견적을 파악하고 광고 효과를 예측하는 일종의 메뉴표이다. 미디어믹스의 첫 번째 원칙은 동일한 광고비를 지불했을 때 가장 효율이 높은 미디어를 먼저 고려하는 것이다. 모든 디지털 매체는 광고 효율을 판단하는 지표 데이터를 제시할 수 있다. 즉 같은 비용을 지불할 때 예상되는 노출 수, 시청 수, 클릭 수의 예상 수치를 제시하므로 어느 정도 예상 효과를 바탕으로 해당 디지털 미디어를 활용할지 말지를 결정할 수 있다.

두 번째 원칙은 캠페인의 목적에 맞는 미디어를 구성하는 것이다.

대기업에서는 브랜드를 론칭하는 초기에 일반 노출을 확보하거나 브랜드 초기 인지도를 개선할 목적으로 4대 매체를 주로 활용한다. 디지털 미디어도 초기 노출 확보를 위한 미디어, 이벤트 참여를 유도하기 위한 미디어, 후기나 바이럴 생성을 위한 미디어 등을 미디어별 특징에 따라 구성하고 집행하는 것이 필요하다. 예를 들어 타깃층을 대상으로 단기에 광고 영상을 집중적으로 노출하는 데에는 페이스북이 유리할 수 있고, 오랜 기간 소비자의 검색에 대응할 수 있는 롱테일Long-tail 마케팅에는 네이버 블로거 콘텐츠를 노출하거나 유튜브의 영상광고 노출이 유리할 수 있다.

세 번째 원칙은 자사의 캠페인 콘텐츠가 가장 잘 돋보일 수 있는 매체를 찾는 것이다. 콘텐츠와 미디어의 적절한 구성만으로도 세간에 화제가 되는 캠페인을 진행할 수 있다. 페이스북과 유튜브는 360 VR 가상현실 콘텐츠를 담을 수 있는 광고 상품 플랫폼을 제공하므로 가상현실 콘텐츠에 대한 관심이 높을 때 콘텐츠에 대한 화제성을 극대화할 수 있다.

영상광고를 디지털 매체에 집행할 때, 검색을 가정한 롱테일 성격의 콘텐츠는 검색 채널로 활용되는 유튜브 광고가 효과적이며, 단시간 내에 노출량 확보를 위해서는 페이스북과 인스타그램 같은 SNS 채널에 영상광고를 노출하는 것이 유리하다. CPMCost Per Mille, 1뷰당 투입 비용CPV, Cost Per View이 낮을수록 높은 효율을 달성하는 것이며, 시청 완료율은 5% 이상 되어야 한다. 유튜브는 시청 시간이 30초 이상 되어야만 조회수로 측정하고, 페이스북은 3초 이상이면 조회수로 측정하기 때문에 채널에 따라 시청 완료율이 상이하게 나타날 수 있다.

댓글, '좋아요' 등 광고 반응률은 페이스북이 높은 편이다. 페이스북의 경우 단기에 집중적으로 타깃형 광고가 집행되기 때문에 타깃 고객층이 반응하는 경우가 비교적 많다. 유튜브의 경우 PC 웹에서 어느 정도 노출이 발생하지만 페이스북과 인스타그램은 대부분의 노출이 모바일에서 발생한다. 만약 예산 문제로 선택을 해야 하는 상황이라면 철저하게 타깃 고객층이 선호하는 채널을 중심으로 전개하는 것이 맞다. 10대를 대상으로 한 캠페인이라면 페이스북보다는 스냅챗이 더 효과적일 것이다. 20대 여성을 대상으로 한 캠페인이라면 인스타그램이 더 효과적일 것이다. 현대자동차는 경쟁사가 이미 잠식한 소형 SUV 시장에 진출하면서 2030 세대 여성 고객층에게 어필하기 위해 인스타그램을 중심으로 '코나 드라이빙 스쿨'이라는 디지털 캠페인을 전개했고, 이 캠페인 영상을 페이스북, 유튜브, 인스타그램에서도 약 750만 회 노출했다. 특히 해당 콘텐츠에 대한 오개닉 뷰를 일정 수준 이상 달성하면서, 최적의 매체 미디어믹스를 통해 적은 비용으로 최대의 효과를 확보했다.

과거에는 정해진 예산 내에서 미디어랩사 또는 광고대행사에서 제시한 미디어믹스를 그대로 수용하는 경우가 많았다. 그리고 한번 정한 미디어믹스는 변경하기 어렵거나 불가능했다. 예산 제약이 없다면 전통 매체와 디지털 매체를 적절하게 혼합하여 집행하는 것이 분명 더 효과적이다. 하지만 예산이 제한적인 중소기업의 경우 적절한 디지털 미디어에 집중하는 편이 오히려 더 나은 결과를 기대할 수 있다. 최근 모바일로 디지털 미디어의 트렌드가 급격히 이동하면서 시공간의 제약이 많이 줄어들었다. 모바일 중심의 디지털 광고는 전통 매체와는 다른 방식으로 표현되기 때문에 해당 디지털 매체만이 가진 고유한 매체 상품이 존재한다.

디지털 미디어는 좀 더 효과적이고 효율적인 방향으로 꾸준히 발전하고 있다. 최근 등장한 프로그래매틱 광고는 현재의 디지털 광고 형태를 가장 정교하게 집약한 광고이다. 특정 광고 메시지를 특정 고객에게 정확하게 전달함으로써 광고 노출 단가도 경매 형식으로 저렴하게 책정되도록 하는 것을 프로그래매틱 바잉이라고 한다.

미디어믹스에 있어 전통 매체와 디지털 매체를 결합하여 노출 성과를 최대화하는 방법도 지속적으로 연구되고 있다. 시청률 조사 회사인 닐슨Nielsen은 TV와 디지털에 집행된 캠페인의 통합 시청률과 총시청률GRP, Gross Rating Point을 제공하는 종합광고측정TAR, Total AD Ratings 서비스를 시작했다. 패널을 통해 수집한 TV 데이터과 디지털 매체사에서 수집한 PC, 모바일의 데이터를 결합하여 통합 시청률과 통합 GRP를 산출하는 방식이다. 이러한 방법을 통해 디지털 미디어를 포함한 모든 매체의 효과를 측정하고 합리적인 근거를 바탕으로 미디어를 믹스할 수 있는 시대가 곧 도래할 것이다.

과거의 마케터처럼 당연한 듯 정해져 있는, 일부 영향력 있는 매체만을 고려하여 매체를 집행하던 시절은 이미 끝났다. 각 디지털 매체의 특성과 효과를 고려하여 진행하는 커뮤니케이션 캠페인이 어떤 캠페인 전략보다 중요하다고 볼 수 있다.

디지털 마케터가 디지털 미디어 전략을 수립할 때 인터넷, 모바일, 오프라인, 전통 매체 개념을 따로 분리해 생각해서는 안 된다. TV, 라디오, 신문과 같은 전통 매체, PC 웹 매체, 모바일 매체 등 각 채널의 역할을 분담해야 한다. 전반적인 인지도를 높일 것인지, 상품에 대한 상세 정보를 전달할 것인지 아니면 참여를 유도할 것인지 등 목표를 명확히 설정하고, 그에 맞는 콘텐츠와 미디어를 선택하고 구성해야 성공적인 디지털 캠페인을 수행할 수 있다. 마케팅의 성공은 고객 터치 포인트만 디지털화한다고 가능한 것이 아니다. 다양한 접점을 세분화하고 전략적으로 활용하는 멀티채널 전략이 반드시 함께 고려되어야 한다.

OPTION

09

디지털 성과 분석과 모니터링

디지털 미디어의 가장 큰 장점은 비교적 명료한 성과 측정이 가능하다는 점이다. 다른 매체와 비교해 비교적 정확한 성과 분석이 가능하기 때문에 디지털 미디어의 퍼포먼스를 기반으로 합리적인 매체비를 책정할 수 있다.

디지털 커뮤니케이션 활동의 성과 분석은 차후의 합리적인 비용 집행을 위해서도 필요한 일이기 때문에 디지털 마케터가 반드시 챙겨야 하는 중요한 과제이다. 디지털 성과 분석의 목적은 무엇일까? 비용을 투입하는 디지털 커뮤니케이션 활동에서 그 효과를 증명하는 일이다.

디지털 캠페인에서 성과 분석의 목적은 첫째, 디지털 마케팅 캠페인의 투자수익률을 측정하는 것이다. 지속적으로 측정 가능한 성과 지표를 수립하여 운영함으로써, 투자 대비 효과성을 측정해 디지털 커뮤니케이션 캠페인의 효과적인 운영을 수행한다.

둘째, 지속적인 디지털 모니터링으로 디지털 인사이트를 축적하는 것이다. 디지털 캠페인을 수행하는 도중에 메이커 산업 영역에서 새롭게 발견되는 인사이트가 있다. 예를 들어, 특정 브랜드를 좋아하는 사람들이 어떤 디지털 커뮤니티에서 주로 활동하는지, 어떤 콘텐츠를 선호하는지, 예컨대 첫 차를 구매하려는 사람들이 차량 구매와 관련해 어떤 미디어를 주로 소비하는지 등에 대한 데이터를 확보할 수 있다면, 차후 유사한 캠페인을 진행할 때 좀 더 효과적인 커뮤니케이션을 전개할 수 있다.

셋째, 캠페인 기간 내 지속적인 모니터링이다. 그럼으로써 디지털 미디어믹스의 효율화 방안을 실시간으로 변경 적용할 수 있다. 페이스북을 비롯한 디지털 매체에서는 타 브랜드와의 광고 노출 경쟁이 낮을 때 노출 비용이 낮아진다. 페이스북의 경우 1뷰당 투입 비용 기준으로 보통 40원에서 70원 사이에 형성되는데 실시간 트래킹을 통해 더 낮은 비용으로도 매체 운영이 가능하다. 특히 낮은 수준의 매체비로 최대 노출 효과를 거두기 위해서는 매체 집행의 시점을 요일별, 시간대별까지 고려해 세밀하게 매체를 운영하는 것이 필수적이다.

넷째, 콘텐츠 관리의 합리적이고 중요한 노하우를 확보하는 것이다. 전통 매체의 마케터는 단순 노출 지표만을 마케팅 분석의 주된 근거로 삼았다. 예를 들어 특정 TV 프로그램의 시청률을 근거로 광고에 대한 예상 시청자 수를 추정하여 노출 지표를 세우거나 특정 신문 매체의 구독자 수와 열독률을 확보해 노출 효과를 추정하는 방법을 활용했다. 디지털 미디어에서는 정확한 노출량, 시청 수, 시청 완료율과 동영상 재생 진행률까지 어느 정도 측정이 가능하기 때문에 콘텐츠에 대한 구체적인 소비자 선호를 파악할 수 있다. 즉, 어느 수위로 자사의 브랜드 콘텐츠를 노출하고 어떤 방식으로 노출하는 것이 소비자의 거부감을 최소화할 수 있는지에 대한 경험치를 축적하고 어떻게 하는 것이 선호도를 높일 수 있는지에 대한 노하우를 얻을 수 있다. 소비자가 주로 찾아본 콘텐츠는 무엇인지, 어떤 콘텐츠에 주로 관심을 가지고 오랜 시간 지켜보는지를 확인할 수 있다면 콘텐츠 제작, 관리, 배포의 노하우를 확보할 수 있다.

일반적으로 디지털 미디어는 크게 온드 미디어, 언드Earned 미디어, 페이드 미디어로 구분한다. 온드 미디어는 기업이나 단체가 자체적으로 보유한 미디어로서, 대표적으로 자사 홈페이지가 있다. 온드 미디어의 특징은 세부 사항에 대한 깊이 있는 정보 전달이 가능하고 고객과 커뮤니케이션이 가능하다는 것이다. 앞서 언급한 브랜드 저널리즘은 장기적으로 온드 미디어의 확장으로 활성화된다. 실제 온드 미디어는 자사의 광고 성격의 콘텐츠뿐 아니라 브랜드 스토리를 전개하는 중요한 플랫폼으로서의 역할을 수행하고 있다. 온드 미디어는 고객 데이터 자체를 자산으로 만들 수 있다는 장점은 있는 데 비해 로그인하는 고객이 많지 않아 질적인 성과를 내기 어렵다. 온드 미디어에서는 방문 수, 전환율 등을 통해 온드 채널의 영향력을 확인하는 것이 중요한 성과 지표이다. 아울러 해당 기업의 영향력을 확대하는 데 기본이 되는 채널이기 때문에 각종 영향력 지표를 종합, 분석하면 의미 있는 통찰을 도출할 수 있다.

언드 미디어는 디지털상의 각종 후기, 바이럴, 댓글 등을 말한다. 소비자나 고객이 디지털상에 자체 생산한 콘텐츠로 해당 디지털 부문에서 영향력을 발휘하는 것인데, 이를 통해 기업에 대한 소비자의 신뢰지수와 긍정 지수, 부정 지수 등을 도출할 수 있다. 일반적으로 기업이 온드 미디어나 페이드 미디어에 게재한 콘텐츠에 대해 소비자가 남기는 '좋아요'나 댓글은 기업과 소비자의 상호작용성을 보여주는 데이터로, 해당 커뮤니케이션 활동을 실시간으로 평가받을 수 있는 채널이기 때문에 소비자 참여 관점에서 유효한 의미의 데이터를 확보할 수 있다.

페이드 미디어는 광고 매체 집행이라는 개념에 가깝다. 기업이 광고 예산을 집행해 매체비를 미디어에 지불하고 소비자에게 노출하는 미디어이다. TV·신문·잡지·옥외·유튜브 영상광고·구글 디스플레이 광고·검색 키워드 광고 등이 페이드 미디어에 속한다. 비용을 지불하는 방식이기 때문에 타 미디어와 대비해 높은 성과를 달성할 수 있으며, 실제 명료한 데이터 확보가 가능하다.

정리하면, 온드·언드·페이드 미디어의 주요 성과를 체계적으로 분석해 지속적으로 측정 가능한 디지털 성과 지표를 수립해 운영하고, 실시간 모니터링 체계로 디지털상 여론 관리를 효과적으로 실행하는 것이 디지털 성과 분석의 목적이다.

최근에는 온드·언드·페이드 미디어의 교집합 개념인 컨버지드

Converged 미디어 콘셉트로 통합적인 미디어 집행과 성과 측정이 이루어지고 있다. 예를 들어 기업이 직접 운영하는 SNS 채널은 온드 미디어이지만, 이 채널로 영상이나 콘텐츠 광고를 집행하면 페이드 미디어로서의 기능을 수행한다. 만약 이 영상 밑에 소비자 고객들이 댓글을 남기거나 '좋아요'를 남기면 언드 미디어가 되기 때문에 유기적 개념인 컨버지드 미디어로 통합적 관점에서 성과를 분석하는 것이 필요하다.

그렇다면 디지털 성과 분석은 어떤 틀에서 수행되어야 할까? 디지털 캠페인의 성과 측정 기준은 크게 세 가지 측면에서 보는 것이 바람직하다.

첫째, 노출 범위Coverage이다. 얼마나 많은 채널에서 얼마나 많은 노출이 발생했느냐를 측정해야 한다. 이는 소비자의 브랜드 인지 관점에서 중요한 지표이기 때문에 노출 범위를 얼마나 넓게 확보하느냐는 중요한 디지털 마케팅 성과 지표이다. 노출량 측면에서 광고 집행 시 타기팅 차원의 노출, 클릭률, 도달, 뷰 수가 중요한 분석 지표이며, 투입된 비용 대비 얼마나 효율성을 달성했느냐는 차원에서 CPM, CPC, CPV 등을 측정한다. 디지털 성과 분석에서 주요한 지표 중 하나인 노출Impression과 도달Reach은 다른 개념인데 유사한 의미로 쓰이는 경우가 있다. 노출은 조회수로 표현되지만, 도달은 실제 해당 콘텐츠를 본 사람의 수이다. 따라서 노출과 도달은 같은 수치를 기록할 수는 있지만, 도달이 노출보다 수치가 높게 나올 수는 없다. 웹 운영에서 순수 웹 방문자를 의미하는 UVUnique Visitor와 웹 방문자가 본 페이지 수를 의미하는 페이지뷰PV, Page View의 개념과 유사하다고 볼 수 있다.

둘째, 소비자 관여도 지표를 측정한다. 소비자의 관계성의 깊이 측면에서 고객이 얼마나 참여하는지 측정할 필요가 있다. 실제 유도Pull형 콘텐츠를 제작, 배포해 소비자의 참여를 효율적으로 유도할 수 있는 캠페인을 전개하려면 소비자의 관심 정도를 파악할 수 있는 관여도 지표를 구성하는 것이 필요하다. 소비자 관여도 측면에서는 고객이 남긴 관련 포스팅 수, 캠페인 기간에 증가한 팔로어 수, 캠페인 관련 해시태그의 증가 수, '좋아요'와 댓글 같은 캠페인 포스팅에 대한 노출과 반응 수치를 분석한다. 긍정과 부정 반응 지표를 구성해 살펴보는 것도 필요하다. 캠페인 전후에 발생한 고객들의 긍정 반응률을 확인하거나 타 캠페인과 비교하며 어떤 변화가 있는지를 분석하는 것도 중요하다. 또한, 자사 캠페인과 관련된 연관어가 어떤 식으로 생성되는지도 살펴봐야 할 주요 데이터이다. 즉, 디지털 채널, 접점 내 브랜드에 대한 소비자 관여도, 태도, 추가 행동 등 데이터에 대한 절대적·상대적 검증이 있어야 디지털 캠페인의 성과를 명확하게 측정할 수 있다.

셋째, 지속성 측면이다. 즉 일방적인 푸시형으로 브랜드 콘텐츠를 노출하는 것은 캠페인 초기에 주로 진행해 단기 성과를 달성할 수 있다. 하지만 소비자가 자발적으로 검색 등의 방법으로 장기간 지속적으로 콘텐츠를 찾아보게 만드는 것이 중요한 지표가 된다. 지속성과 관련해 가장 중요한 지표는 '얼마나 많은 브랜드 쿼리Query가 발생하느냐'이다.

브랜드 쿼리 수치의 증감은 브랜드 노출의 효과와 관련하여 중요한 지표이기 때문에 어떤 추이를 보이는지 수시로 점검해야 한다. 해당 캠페인과 관련해 소비자가 주로 검색하는 키워드가 어떤 식으로 형성되는지 알려면 좀 더 면밀한 관찰이 필요하다. 메이커에서는 브랜드의 영어 명칭을 주로 소비자에게 노출했지만, 소비자는 영문을 한글로 표기해 찾아볼 수 있고, 메이커 명칭을 검색어에 포함해 검색할 수도 있다. 이런 일이 발생할 경우 지속적인 브랜드 노출을 위해서 제작하는 콘텐츠 제목이나 해시태그에 소비자가 많이 찾는 명칭을 추가로 넣어 장기적으로 자사 브랜드가 노출되는 여건을 만들 수 있다.

정기적이고 지속적인 콘텐츠 수급과 그에 따른 소비자 반응의 정도, 이를 기반으로 한 최적화의 효율과 효과를 검증해야 지속성 측면에서 우수한 디지털 마케팅 커뮤니케이션을 수행할 수 있다. 장기적 관점에서 주요 포털과 동영상 사이트에서 관련 키워드를 검색할 때 메이커가 제작했거나 관여한 콘텐츠가 얼마나 나오는지 관찰하는 것도 중요하다. 메이커가 관여해 어느 정도 톤이 정제된 콘텐츠와 외부 콘텐츠는 목적과 내용이 다르므로 최대한 정확한 정보가 담긴 콘텐츠가 디지털 채널에서 검색 상위에 노출되도록 해야 한다. 즉, 검색엔진 결과 페이지SERP, Search Engine Result Page 모니터링을 통해 주요 포털에서 자사 콘텐츠 점유율이 낮게 나올 경우, 새로운 콘텐츠를 제작해 추가로 노출하거나 기존 콘텐츠가 좀 더 잘 검색되기 위해 해시태그를 변경하는 등의 전략이 필요하다. 때로는 경쟁 제품의 브랜드 쿼리, 콘텐츠 점유율 등을 자사 제품과 비교해 상대적인 측정을 할 필요도 있다.

실질적인 성과 측정 수행을 위해서 다음과 같은 정기 업무를 체크리스트에 반영하자. 모든 데이터를 엑셀 시트에 정리하는 습관을 들이면 좋다. 특정 영상 콘텐츠의 시청 수를 측정하더라도, 기간, 채널, 소비자의 자발적 검색으로 인한 오개닉 뷰인지, 광고비 매체 집행으로 인한 수치인지를 구분하고, 동영상 재생 시간 평균 비율을 기록하는 것이 중요하다. 엑셀로 정리하면 많은 데이터를 수월하게 계산할 수 있다.

주간 단위의 투자수익률 리포트를 작성하자. 투자수익률 리포트는 정해진 마케팅 목표를 바탕으로 작성하기 때문에 현재의 캠페인 성과 달성률을 확인할 수 있으며, 이를 기반으로 전략의 변경이나 수정이 가능하다. 필자의 경험을 바탕으로 디지털 마케팅 성과 측정을 위한 가설 수립을 예로 들어보겠다.

1. 초기 인지와 고려

– 초기 트래픽 증가를 위해 투자를 확대해야 하는가?
– 고객 구매 여정에 당사 브랜드 포함 여부
– 웹사이트 방문자 변화 추이
– 브랜드 검색 수(쿼리 수 변화 추이)
– 검색엔진을 통한 웹사이트 방문자 수
– 당사 소셜미디어에 대한 소비자 관심도

2. 비교 평가

– 소비자들이 경쟁사 대비 우리 제품과 관련된 정보를 쉽게 찾을 수 있는가?
– 우리 웹사이트에 머무는 시간은 어느 정도인가? 웹사이트에서 보는 정보는?
– 소셜미디어에서 당사 제품에 대해 이야기를 나누는가?
– 방문자당 페이지 조회수는 많은가?

3. 구매 결정

- 디지털 채널은 구매 결정 측면에서 경쟁사 대비 얼마나 잘 지원해주는가?
- 디지털 마케팅이 오프라인 판매에 영향을 주는가?
- 구매와 관련된 정보를 원할 때 쉽게 정보를 찾을 수 있는가?

4. 충성도 생성과 유지

- 충성도와 재구매를 증대하기 위해 디지털 채널을 어떻게 개선해야 하는가?
- 소셜미디어에서 소비자들이 당사 브랜드에 대해 어떤 이야기를 공유하는가?
- 소비자들이 당사 브랜드에 대해 나누는 이야기는 긍정적인가, 부정적인가?
- 당사 디지털 채널을 몇 번이나 방문하는가?
- 소비자 게시물에서 긍정과 부정의 비율은 어떠한가?
- 중복 방문하는 소비자는 얼마나 되는가?

디지털 성과 측정에서 유의할 점은 모든 커뮤니케이션 캠페인에 동일한 성과 지표를 적용하기에는 무리가 있다는 것이다. 하지만 캠페인을 전개하기 전에 캠페인의 핵심 성과 지표KPI, Key Performance Indicators를 설정하고 캠페인이 종료된 뒤에는 마케팅 목표를 달성했는지 철저하게 분석하는 업무 프로세스를 확보한다면 성과에 대한 객관성을 획득할 수 있다.

디지털 마케터는 자신이 수행한 커뮤니케이션 캠페인의 성과에 대해 냉정하고 정확한 평가를 내릴 수 있어야 한다. 늘 그렇듯이 무조건 성공한 캠페인, 완전히 실패한 캠페인은 없다. 캠페인 이전에 설정한 목표에 최대한 근접하게 달성했는지, 추가 달성한 지표들은 무엇인지,

부족한 성과 지표는 무엇인지를 객관적으로 분석하고 판단하는 것이 전체적인 디지털 마케팅의 예산을 확보하는 데 유리하다. 우리는 각 디지털 채널의 목적과 업무 목표를 바탕으로 기존 멀티채널과 통합적 관점에서 성과 체계를 수립해 올바른 디지털 마케팅 성과를 측정하고, 효율성을 바탕으로 제대로 된 디지털 마케팅을 수행하는 선순환 구조를 만들 수 있을 것이다.

6장

마케터 없는 마케팅의 미래

"Say Hello to iPhone."

– 스티브 잡스

"세상에는 두 종류의 회사가 존재한다. 고객의 돈을 더 받기 위한 회사가 있고 덜 받으려는 회사가 있다. 아마존은 후자이다."

– 제프 베조스

OPTION

01

모바일 퍼스트에서 모바일 중심으로

미국의 교육 저술가 마크 프렌스키Marc Prensky는 2001년 디지털 네이티브Digital Natives와 디지털 이민자Digital Immigrants라는 용어를 자신의 논문에서 처음 언급했다. 디지털 네이티브란 태어날 때부터 디지털 환경에 둘러싸여 디지털기기와 환경에 익숙한 세대이고, 디지털 이민자는 과거 아날로그 환경에서 완전히 벗어나지는 못하지만 디지털 환경에 적응하는 세대를 의미한다.

디지털 네이티브 세대는 디지털기기를 가장 잘 활용하는 세대이지만, 디지털 네이티브라는 말이 기술적 측면에서 IT 지식이 높다는 것을 의미하지는 않는다. 이들은 디지털 공간에서 다른 이들과 공감하고 협력을 잘하며, 재미를 중요하게 생각한다. 디지털상에서 관심 받는 것을 중요하게 여기고 여러 방면에서 능동적이고 적극적인 태도를 보이는 세대이다. 2000년대 초반 젊은 세대를 설명하는 데 무리가 없는 용어이다. 하지만 지금 세대는 이전 디지털 네이티브 세대와는 조금 다르다.

모바일 네이티브Mobile Natives는 태어날 때부터 부모님의 스마트폰에 노출되고, 태블릿PC 등 모바일 디바이스에 익숙하다. 게임, 문서 작성 외에는 PC를 잘 활용하지 않고, 검색, 동영상 시청, 커뮤니티, SNS 등 많은 온라인서비스를 모바일에서 주로 활용하는 세대이다.

KT경제경영연구소와 대학내일20대연구소가 2015년에 공동 연구한 '모바일 네이티브 세대, 20대의 모바일 및 콘텐츠 이용 실태조사'에 따르면 20대 모바일 네이티브의 경우, 하루 평균 3시간 44분을 모바일을 이용하는 데 쓴다. 이는 평균 수면 시간 7시간 2분을 제외하면 일상 시간의 21.9%에 해당하는 엄청난 시간이다. 20대의 59.6%는 일상생활에서 모바일 사용을 선호한다. 디지털 네이티브의 일부 특성을 가지고 있으면서도 모든 디지털 행위에서 모바일 중심으로 움직이는 모바일 네이티브 세대는 스마트폰 없는 세상을 끔찍하게 여길지도 모른다. 스마트폰 또는 휴대전화가 없을 때 불안감을 느끼는 노모포비아Nomophobia, No mobile-phone phobia 증세를 보일 정도로 모바일에 대한 의존도가 높다. 한국인터넷진흥원의 '2014년도 모바일 인터넷 이용 실태 조사'에 따르면 20대의 모바일을 통한 검색 서비스 사용률은 100%이며, 이 수치는 지금도 변화가 없을 것이다.

이런 세대가 소비 주체로 성장하는 지금 시대에 모바일 퍼스트 전략은 필수 불가결한 접근이다. 마케팅 커뮤니케이션의 1차 고려 대상 채널이 모바일이 되는 것은 지극히 자연스러운 현상이다. 모바일 네이티브에게 모바일에서 시작되는 디지털 월드는 단순히 즐거운 것만을 찾는 오락 장소가 아니다.

그들에게는 새로운 먹거리를 찾아낼 수 있는 잠재력이 높은 시장이며, 이 시장에서 본인들만이 가지고 있는 새로운 디지털 아이디어를 실현하는 꿈의 장소이다. 일상과 엔터테인먼트부터 비즈니스까지 모바일을 중심으로 즐기고 활동하면서 이전에 없던 유튜브 크리에이터나 인플루언서 같은 새로운 직업까지 만들어 내기에 이르렀다.

과거 방송국, 신문사 등 전통 매체의 소유자들은 온라인 플랫폼을 활용한 새로운 콘텐츠에 무관심했으나, 이제는 JTBC, SBS와 같은 방송사들이 별도의 모바일·웹드라마 제작에 나서 가장 먼저 모바일 콘텐츠를 자체적으로 만들고 있다. 그리고 콘텐츠 사업자와 통신 사업자들이 유튜브 상위 채널을 인수하는 등 새로운 모바일 중심의 플랫폼을 선도하기 위한 노력을 계속하고 있다.

영국 정보통신청 오프콤에서 2015년 조사한 결과에 따르면, 청소년 대부분이 구글에서 검색한 결과와 일반 광고가 다르다는 점을 이해하지 못하는 것으로 나타났다. 검색 결과와 광고를 구분하지 못하기 때문에 검색 결과로 나타난 광고 콘텐츠에 대한 거부감도 상대적으로 낮다. 이 조사에서 따르면 12~15세의 29%가 TV보다 유튜브를 더 선호한다고 답했다. 이미 젊은 세대에게는 모바일로 콘텐츠를 소비하는 것이 매우 자연스러운 행위가 되었다.

2017년 과학기술정보통신부와 한국통신사업자연합회에서 분석한 자료에 따르면, 통신사에 분배된 010 번호 총 7392만 개 가운데 6011만 개가 이미 소진되었다고 한다. 우리나라 인구수를 월등히 뛰어넘는 수치이다. 세계적으로도 모바일 생태계가 시장에 미치는 영향은 엄청나다. 가트너는 모바일 디바이스 판매량이 2014년 15억 대에서 2018년까지 20억 대로 증가하며, 모바일 광고 규모는 2014년 180억 달러에서 2017년 420억 달러로 2배 이상 증가할 것으로 전망했다.

영국의 유명 IT 산업 애널리스트였던 베네딕트 에번스Benedict Evans가 자신의 블로그에서 모바일의 미래에 대해 이야기한 것 중 놓치지 말아야 할 중요 인사이트가 있어 공유한다.

① 모바일은 모든 기술 구현의 중심으로 기술 생태계가 될 것이다. 모바일 생태계는 PC 산업이 일으킨 것에 10배 이상의 규모로 커가고 있으며, 모든 IT 기술의 중심이 될 것이다.
② 모바일 자체가 인터넷이다. 이제 인터넷에서 PC와 모바일을 구분하는 것은 무의미하다.
③ 모바일은 작은 크기의 PC를 의미하지 않는다. PC를 집어삼킨 생태계이다.
④ 생산성의 미래가 바뀔 것이다. 파워포인트와 같은 OS를 활용한 문서 작성이 주 업무이던 시대는 지났다. 이미 모바일로 인해 새로운 업무 방식이 생겨났으며, 또 생겨날 것이다.
⑤ 모바일과 사물인터넷의 조합으로 진정한 유비쿼터스 기기가 등장할 것이다. 아마 우리 주위에 사물인터넷 기기가 있는지도 인식하지 못하는 시대가 올 것이다.

사물인터넷과 연결되는 중심에 모바일이 자리할 가능성이 매우 높다. 이제 '모바일 퍼스트'라는 용어는 여러 면에서 부족한 용어가 될지도 모른다. 중국에서는 PC 인터넷을 뛰어넘어 바로 모바일 중심으로 IT 생태계가 꾸려졌고, 스마트폰 제조를 포함해 전 세계에서 가장 빠르게 모바일 산업이 성장하고 있다. 위챗의 월간 사용자 수는 9억 3800만 명을 넘어섰다고 알려졌고, 온라인 판매업체 알리바바의 알리페이와 위챗의 위챗페이의 결제액이 2016년 현재 2조 9000억 달러를 넘었다. 모바일 중심의 생태계 성장이란 단순히 스마트폰 주변 시장의 성장을 의미하는 것이 아니다. 모든 산업 영역에 모바일이 미치는 가치 총합의 성장이다. 우리나라는 어떠한가? 예를 들면, 카카오뱅크의 등장과 동시에 은행업계의 프로세스가 모바일 중심으로 변화하는 데 자원을 집중적으로 투자하는 것으로 보인다.

"우리는 모바일 퍼스트에서 AI 퍼스트로 가고 있다."

—순다르 피차이Sundar Pichai

2016년 구글은 고객 CDJ 개념에 바탕을 두어 고객의 관심 의도, 구매 의도 등이 파악되는 순간에 브랜드 메시지를 효과적으로 전달하기 위해 모바일을 통한 커뮤니케이션을 강조하는 마이크로 모먼트Micro-Moment 개념을 마케팅 커뮤니케이션의 핵심 전략으로 소개했다. 구글이 소개한 내용에 따르면, 소비자는 궁금한 점이 생기면 바로 해결하기를 원한다. 66%의 소비자가 TV광고를 보다가도 바로 정보를 검색한다.

이를 '알고 싶은 순간I-WANT-TO-KNOW MOMENTS'이라고 한다.

소비자는 생각이 떠오를 때 바로 구매하기를 원한다. 모바일 기기를 활용해 '내 위치 주변'을 검색하는 횟수가 2015년 대비 2016년에 2배로 증가했고 지속적으로 증가하고 있다. 이를 '가고 싶은 순간I-WANT-TO-GO MOMENTS'이라고 한다. 소비자는 어떻게 활용하는지 방법을 알고 싶어 한다. 2015년 대비 2016년에 활용법과 관련된 검색이 70%가량 증가했다. 이를 '사용하고 싶은 순간I-WANT-TO-DO MOMENTS'이라고 한다. 82%의 소비자가 오프라인 매장에서 모바일 기기로 제품 정보를 검색한다. 이것을 '구매하고 싶은 순간I-WANT-TO-BUY MOMENTS'이라 부른다. 실제 이런 쇼루밍Showrooming족이 급격하게 증가하고 있다.

여러모로 모바일은 IT 생태계와 디지털 마케팅 영역에서 중심이 될 것이다. 아니, 모바일은 모든 산업에서 중심이 되어 미래를 이끌 영역임이 분명하다. 이 글의 제목을 '모바일 퍼스트에서 모바일 중심으로'라고 지은 것은 미디어 관점에서 모바일을 중요하게 보는 시각을 넘어, 모든 산업에서 중심으로 떠오를 모바일을 강조하기 위해서이다. 디지털 마케터에게 모바일은 모든 커뮤니케이션의 기본이자, 향후 나아갈 비즈니스의 중심이 될 것이 분명하기 때문에 좀 더 많은 자원을 이곳에 투입해야 한다. 모바일 시장의 지속적 확대와 모바일 이용 세대를 고려한다면 미래 세대를 공략해야 하는 기업들의 마케팅 커뮤니케이션이 어느 방향으로 가야 하는지 너무나 명백하다.

OPTION

02

데이터 기반 마케팅

전통적인 마케팅은 심리학의 원리를 바탕으로 소비자의 마음을 예측하는 마케팅에 가까웠다면, 미래의 마케팅은 통계학에 가까운 데이터 마케팅의 시대가 될 것이다. 위키백과에서는 데이터 마케팅을 '마이크로 마케팅으로서 빅데이터를 통해 고객의 소비 패턴과 선호도, 기타 정보를 분석하여 구매할 가능성이 높은 소비자에게 맞춤형 정보나 혜택을 제공하는 것'으로 설명한다.

물론 전통적인 마케팅도 데이터를 수집하고 활용한다. 소비자 조사나 구독률 조사, 각종 설문조사와 같은 데이터를 활용한 마케팅 커뮤니케이션 전략을 수립하기는 했지만, 제한된 데이터라는 한계성 때문에 소위 '마케터의 촉'을 통한 마케팅 커뮤니케이션 전략이 수립되었다. 하지만 스마트폰으로 인해 개인화된 데이터가 발생되고, 위치 정보, 로그 정보, 구매 패턴, 각종 센서를 통한 다양한 형태의 데이터가 수집되면서 데이터 마케팅은 새로운 시대를 가능성의 시대로 열고 있다.

데이터 마케팅을 이야기할 때 자주 언급하는 사례는 월마트의 이메일 광고 사례이다. 한 아버지가 고등학생 딸이 출산용품 관련 광고 메일을 받자 월마트 매장을 찾아갔다. 월마트가 보내준 출산용품 할인 쿠폰을 내밀고는 화를 내며 월마트의 실수에 대해 강력하게 항의했다. 월마트는 마케팅 부서의 실수라고 판단하고 정중하게 사과했다. 그런데 얼마 뒤 실제 딸이 임신했다는 사실을 알게 된 남자는 월마트에 대체 자신의 딸이 임신했다는 것을 어떻게 알았는지 물었다. 부모도 알지 못한 사실을 어떻게 월마트가 알고 광고 메일을 보냈을까? 이는 월마트의 '임신 지수 모델'을 이용한 데이터 마케팅의 결과로 생긴 일이다. 수많은 고객의 구매 이력을 분석해 임신부만이 갖고 있는 특정 패턴을 찾아내고 이를 소비자 마케팅 프로모션으로 활용한 것이다.

브래드 피트 주연의 영화 「머니볼」을 보면 데이터 기반의 비즈니스가 어떤 파급력을 발휘할 수 있는지 쉽게 예상할 수 있다. 「머니볼」은 MLB 오클랜드 애슬레틱스의 실화를 바탕으로 한 이야기이다. 대도시를 연고로 한 팀이 아니어서 수입이 적은 오클랜드는 선수 영입에 큰 돈을 투자하기 힘들어서 철저히 데이터를 바탕으로 팀 선수를 선발해 2002년 20연승이라는 대기록을 세우고 포스트시즌에 진출한다. 겨우 연봉 총액 4000만 달러의 팀이 동부의 보스턴 레드삭스나 뉴욕 양키스 못지않은 성과를 달성한 데는 데이터의 힘이 컸다.

사실 마케팅은 데이터의 활용 가능성이 가장 큰 영역이다. 그동안의 마케팅은 정확하게 알기 힘든 고객들을 대상으로 커뮤니케이션하기 때문에 낭비 요소가 적지 않았다. 1900년대 미국 워너메이커 백화점의 설립자인 존 워너메이커John Wanamaker가 이야기한 "광고비가 낭비되고 있는 것은 알지만, 어디서 낭비되고 있는지 모르겠다"라는 말로 마케팅의 한계를 지적했는데, 아마 존 워너메이커가 지금 시대에 태어났다면 데이터 마케팅의 철저한 신봉자가 되지 않았을까 하는 생각이 든다.

본질적으로 데이터 마케팅은 효율적인 마케팅을 수행하는 데 기반이 되는 마케팅 솔루션이다. 데이터 마케팅은 한 가지 요소를 활용해 진행되는 경우도 있지만, 주로 다수의 데이터를 조합해 의미 있는 통찰을 도출하는 방식이다. 데이터 인사이트는 소비자 분석을 기반으로 할 수도 있고, 미디어에 대한 효과성을 분석하는 데에도 필요하다. 데이터 마케팅 방법에는 여러 가지가 있는데 대표적인 분석 방법 세 가지를 소개한다.

첫째, 연관성 분석Association Analysis은 사건을 기반으로 데이터에서 연관성을 발견하고 규칙을 생성해 적용하는 방식이다. 즉, A라는 제품을 구입하고 장바구니에 넣은 사람들은 B라는 제품을 구입할 가능성이 높다고 예측하는 것이다. 아마존은 추천 시스템을 활용해 소비자가 구매할 가능성이 높은 제품을 자동으로 추천하고, 넷플릭스는 고객이 가입할 때부터 관심을 가질 만한 영화 목록을 선택하게 해 콘텐츠를 추천하는 데 활용한다. 이런 방법으로 월마트는 주말 월마트에 기저귀를

사기 위해 방문한 3040 남성들이 맥주를 살 확률이 높다는 연관성을 발견해 기저귀와 맥주를 패키지로 묶어서 판매해 관련 매출을 3배 이상 높이기도 했다.

둘째, 군집 분석Clustering Analysis은 세분화 전략을 수립해 실행할 때 주로 활용되는 분석 방법이다. 세분화된 고객들을 유사성이 높은 집단으로 분류하고 때로는 겉으로는 아무런 연관성이 없어 보이는 집단 간에도 유사성을 도출하고 분류하는 방법이다. 특성이 비슷한 집단을 합치면서 유사 특성 그룹을 발굴하는 데 사용된다.

셋째, 의사결정 나무Decision Tree 방법은 목표 변수에 영향을 미칠 수 있는 의사결정 입력 변수를 이용해 의사결정의 규칙을 생성하는 방법이다. 데이터를 바탕으로 소비자의 성향을 파악해 브랜드에 대한 고객의 충성심을 유도하고, 떠나간 고객들이 되돌아올 수 있는 프로그램을 전개함으로써 소비자와 지속적인 관계를 유지하는 데 활용하는 방법이다.

데이터 마케팅를 이야기할 때 프로그래매틱 광고를 빼놓을 수 없다. 프로그래매틱 광고의 장점은 크게 두 가지이다. 첫째, 효율성이다. 디지털 광고 매체의 광고 구좌를 뜻하는 인벤토리 구입과 판매 과정을 자동화하기 때문에 광고주 입장에서는 인벤토리를 저렴하게 살 수 있고, 매체사 입장에서는 조금 더 높은 가격에 인벤토리를 판매할 수 있다. 광고주 입장에서는 매체비를 절감하는 실질적인 효과가 발생한다.

둘째, 정교한 타기팅이다. 프로그래매틱 광고는 소비자가 인터넷의 여러 사이트에 남긴 방문 기록을 기반으로 세분화된 관심사를 추적하고 소비 행태를 추론해 그 사람의 관심사에 맞는 광고를 노출시켜 보여준다. 따라서 데이터를 가지고 있는 미디어가 중요한 역할을 하며, 특히 공유 관심사 데이터를 확보하고 있는 소셜미디어 채널들이 큰 역할을 하게 된다. 글로벌 조사업체 마그마 글로벌Magma Global에 따르면 프로그래매틱 바잉 광고는 매년 30% 이상 성장하고 있으며, 2019년에는 368억 달러 규모로 성장할 것으로 예상된다.

빅데이터는 과학적인 예측을 가능하게 한다. 추측하는 마케팅이 아닌 정교한 의사결정을 가능하게 하는 솔루션이다. 빅데이터로 성공적인 마케팅을 수행하는 기업들이 속속 등장하고 있다. 토요타 자동차는 빅데이터 분석을 위해 '토요타 커넥티드'를 설립하고 자동차 빅데이터를 분석해 자율 운전 자동차를 개발하는 데 활용하고 있다.

데이터 마케팅에서는 짧은 시간의 분석으로는 의미 있는 결과를 도출할 수 없다. 장기적 관점에서 데이터를 수집하고 전략적으로 접근해야 의미 있는 결과값을 도출할 수 있다. 분석을 고려한 데이터가 아닌 현 상태만을 보여주는 데이터는 의미가 없다. 그런 데이터는 마케팅 인사이트를 도출하는 데 도움이 되지 않는다.

데이터 마케팅에서 유념할 점을 정리하면 다음과 같다. 첫째, 모든 데이터를 분석할 필요는 없다. 불필요한 영역에 있는 데이터를 조합하느라 애쓰다 보면 정작 필요한 인사이트를 도출하는 데 힘을 쏟을 수 없다. 둘째, 데이터의 큰 맥락을 봐야 한다. 데이터의 그래프가 장기적으로 상승한다든지, 두 가지 데이터가 특정한 비례 관계를 보인다든지 하는 유의미한 큰 맥락을 살펴보는 것이 중요하다. 셋째, 보이는 것만

보아서는 안 된다. 데이터 분석에서 슬쩍 봐도 확인되는 사실은 인사이트가 아니다. 그 내면에 있는 행간을 읽어 낼 수 있어야 진정한 의미의 인사이트를 발굴할 수 있다.

결국, 데이터도 소비자의 마음을 움직이는 가장 과학적인 방법을 찾는 솔루션이다. 빅데이터 분석 기술이 점점 진화하고, 인공지능 기술이 발전함에 따라 데이터 마케팅은 미래 마케터에게 매우 유용한 수단이 될 것이다. 아직은 개인정보 보호 규정 때문에 제한된 형태의 빅데이터 마케팅만 수행할 수 있지만, 정교한 마케팅을 수행하는 데 빅데이터를 활용한 마케팅만큼 확실한 방법은 없다. 향후 데이터 마케팅은 시장과 소비 트렌드의 변화를 이끌어 내는 새로운 커뮤니케이션 방법이 될 것임이 분명하다. 빅데이터와 인공지능의 결합은 마케팅 자동화를 꽃피우는 데 결정적 역할을 하게 될 것이다.

이제 미래의 디지털 마케터에게는 데이터 사이언티스트의 역량이 필요할지도 모른다. 수학적 분석 능력을 보유하고 올바른 분석 보고서를 작성할 줄 아는 글쓰기 능력에 발굴한 인사이트를 여러 사람에게 전달할 수 있는 커뮤니케이션 능력까지 갖춰야 하는 시대가 가까워지고 있다. 고객이 진정으로 원하는 것을 찾아 정확하게 제공하는 것은 마케팅의 핵심 방식이다. 빅데이터로 소비자의 속 마음을 읽어 낼 수 있다면, 마케팅은 이미 절반 이상 성공한 것이나 다름없다.

OPTION

03

인공지능과 디지털 마케팅

새로운 디지털 기술이 등장하면 흔히 많은 기업이 그 기술을 활용한 무언가를 시도해 시장에 선보이려 한다. 새로운 기술을 활용한다는 것은 그 기업의 혁신적이고 시장 선도적인 이미지를 부각하는 데 용이하기 때문이다.

디지털 기술에도 트렌드가 있다. 2009년 12월 제임스 캐머런 감독이 영화 「아바타」를 3D 영화로 만들어 시장에 출시한 뒤 3D 영상 기술에 대한 관심이 높아졌다. 2010년 3D TV가 등장했을 때, 세상의 모든 TV가 3D TV가 되는 것은 아닐까 하는 생각이 들 정도로 TV 시장은 3D TV냐 아니냐로 나뉘었다. 당시 홈쇼핑에서 TV를 팔며 항상 하던 말이 "이건 3D 기능이 들어 있는 최신 모델입니다"였고, 삼성과 LG는 3D TV 원천기술의 우월성을 놓고 법적 분쟁을 벌일 정도로 치열하게 경쟁했다. 하지만 3D TV는 2016년부터 거의 생산을 안 할 정도로 이제 3D TV 기능은 관심을 못 받고 있다.

2015년 아마존이 드론으로 물품 배송을 수행하는 콘셉트 영상으로 드론에 대한 관심을 불러일으켰다. 당시 드론을 활용한 배송 서비스를 테스트 형식으로 선보인 아마존은 드론을 이용한 새로운 배송 서비스를 준비 중이다. '프라임 에어'로 불리는 이 서비스는 배송 거점 16km 이내에서 주문 후 30분 내 드론을 이용해 상품을 집 앞까지 배송하는 서비스다. 특히 많은 중국 기업이 드론을 활용한 배송 방식을 선보이고 있다.

VR 기술에 대한 관심은 2016년 CES에서 최고조에 이르렀다. CES 행사를 주관하는 미국 CTA Consumer Technology Association에서는 CES 행사 최초로 VR 전용관을 설치하고 VR 기술을 2016년에 가장 주목받을 기술로 언급했다. 그래픽 기술에 관심이 있던 많은 IT 기업이, 지금은 페이스북에 인수된 오큘러스의 HMD를 구입해 새로운 기기에 기술을 접목하는 시도를 했고, 그 후 증강현실, 혼합현실 기술에 대한 관심이 이어지고 있다.

"인공지능이 전기처럼 흐르는 4차 산업혁명의 시대."

– 케빈 켈리 Kevin Kelly

2017년 현재 가장 큰 디지털 화두는 "인공지능은 어디에든 존재한다"이다. 인공지능은 인간의 학습 능력과 추론 능력, 지각 능력, 자연어 이해 능력 등을 컴퓨터 프로그램으로 실현한 기술로, 컴퓨터가 인간의 지능적인 행동을 모방할 수 있도록 한다. 인공지능을 설명하는 기술로는 머신러닝과 딥러닝이 있다. 머신러닝은 인간의 학습 능력을 그대로 본떠서 직접 입력한 데이터 정보로 러닝 체계를 구축한 것이고, 딥러닝은 인간의 두뇌를 닮은 데이터 분석 체계로서 여러 가지 입력값을 다각도로 분석해 종합 분석하는 시스템이다. 머신러닝의 기본 개념인 인공 신경망artificial neural network은 인간의 뇌가 지닌 뉴런 신경계의 원리를 활용한 것으로 여러 레이어로 연결해 충분한 데이터를 바탕으로 확률이 높은 답을 찾아내는 방식이다. 딥러닝은 인공 신경망에서 발전한 인공지능으로, 뇌의 뉴런과 유사한 정보 입출력층을 활용해 데이터를 학습하는 방식이다.

인공지능은 센싱, 인식, 학습, 커뮤니케이션, 행동, 이 다섯 가지 요소로 1사이클이 구성된다. 센싱, 인식, 학습이 기술 영역에 속하고, 학습, 커뮤니케이션, 행동이 고객 경험 영역에 해당한다고 볼 수 있다. 이와 관련된 연관 기술로는 그래픽으로 유명한 엔비디아 GPU 기술, 이미지 센싱, 음성인식 기술과 데이터를 저장하는 클라우드와 빅데이터 위주의 정보 관리 기술이 있다. 머신러닝, 딥러닝, 강화 학습, 알고리즘 등 인공지능 학습 영역에 해당하는 기술과 커뮤니케이션을 관장하는 음성인식 기술, 사물인터넷 기술, 그리고 움직이는 로봇공학 기술을 포함한다.

딥러닝과 머신러닝은 다른 개념이 아니다. 둘 다 인공지능을 만들기 위해 필요한 기술이다. 머신러닝이 먼저 시작되어 딥러닝으로 발전한 것이며, 실상 딥러닝은 머신러닝에 포함되는 개념이다. 머신러닝은 먼저 사람이 처리한 정보를 활용해 컴퓨터가 주어진 정보를 분석하고 축적해 답을 이끌어 내는 방식이고, 딥러닝은 사람 없이도 여러 레이어로 구성된 신경망을 통해 스스로 분석해 답을 도출하는 방식이다. 딥러닝은 큰 개념에서 머신러닝의 일부가 된다.

인공지능의 기원은 1956년 다트머스 대학교의 존 매카시John McCarthy 교수가 개최한 다트머스 회의이다. 당시 선구적인 과학자들이 사람의 지능과 유사한 지능을 가진 컴퓨터를 만드는 것을 꿈꿔서 인공지능이라는 말을 쓰기 시작했다.

인공지능이란 인간의 두뇌, 지능을 모방한 기술 구현으로 학습, 추론, 지각, 기억, 언어 능력을 보유하는 컴퓨터 프로그램이다.

2016년 3월 구글이 만든 알파고는 세계적인 바둑 선수 이세돌 9단과 대결을 펼쳤다. 당시 많은 바둑 전문가의 예상은 인공지능이 절대 인간계 챔피언을 이길 수 없다며, 이세돌의 승리를 예상했다. 하지만 알다시피 이세돌 9단은 다섯 경기 중 단 한 경기만을 승리하면서 인공지능 기술의 화려한 등장에 조연이 되었다. 알파고의 등장과 함께 시작된 인공지능 기술에 대한 시장의 관심은 매우 뜨거웠다.

"지난 20년간 인터넷과 모바일의 확산으로 기술이 세상을 확 바꾼 것처럼 보일지도 모른다. 그러나 이것은 시작에 불과하다." 순다르 피차이 구글 최고경영자가 2016년 창업자 연례 서신에서 한 말이다. 순다르 피차이는 래리 페이지에 이어 구글 이인자이다. 피차이는 이 행사에서 구글이 그동안 해온 일들을 열거한 뒤에 "이제 인공지능의 잠재성을 향해 나아가고 있다"고 말했다.

2017년 라스베이거스에서 열린 CES에서는 아마존이 새로운 인공지능의 강자로 화려하게 등장했다. 아마존은 별도 부스를 운영하지 않았지만 폭스바겐, LG전자 등 다양한 업체에서 아마존의 알렉사Alexa를 활용한 사물인터넷 기술을 시연했다. 토요타 자동차는 인공지능 유이Yui를 탑재한 콘셉트 카 '토요타 콘셉트 아이Concept-I'를 발표해 주목을 끌었다.

인공지능과 로보틱스의 결합으로 리테일 마케팅의 새로운 사례를 만든, 일본 네스카페에 설치되었던 페퍼와 토요타의 소형 로봇 키로보는 인공지능이 어떻게 발전할 수 있는지를 보여주는 매우 구체적인 사례이다.

그 트렌드를 가장 빠르게 쫓아가는 시장 선도자들은 항상 시장에서 어떤 기술이 화제가 되면 그 기술을 적용한 마케팅 아이템들을 시장에 내놓는다. 트렌드를 한발 앞서가야 새로운 디지털 기술을 활용한 마케팅을 적용할 수 있으며 실제 이런 기술을 마케팅에 적용하는 경우 많은 홍보 노력이 없이도 세상의 주목을 받을 수 있다. 대표 사례가 인공지능 부문에서 가장 앞선다고 평가받는 일본에 있다. 일본의 껌 브랜드 클로렛츠는 인공지능 대 인간 광고 디렉터의 광고 영상 제작 대결 캠페인을 진행하면서 사람들이 투표로 승자를 결정하는 방식으로 바이럴 확산과 고객 참여를 유도했다. 인공지능이 TV광고의 구조를 분석해 각종 데이터를 활용하여 TV광고 영상을 기획함으로써 인간의 기획안과 대결한 것이다. 인간은 기존 광고대행사에서 TV광고를 진행하던 대로 크리에이티브 디렉터가 크리에이티브 방향성을 제시하고 여러 사람이 회의해 광고 콘셉트를 도출했다. 투표 결과는 사람이 만든 광고가 54%, 인공지능이 만든 광고가 46%를 득표해 근소한 차이로 인간계가 승리했다. 다행스럽게도 인간 쪽이 승리함으로써 체면은 지켰지만, 인공지능이 광고까지 기획한다는 것은 놀라움을 넘어 경악할 만한 일이다.

많은 사람이 인공지능은 처음부터 새로운 것을 만들어 낼 수는 없기 때문에 음악이나 미술 같은 창의적 활동은 불가능하다고 이야기한다. 구글은 2016년 6월 마젠타Magenta 프로젝트로 작곡이 가능한 인공지능을 선보인 바 있으며, 2017년 3월에는 미국 샌프란시스코에서 반 고흐의 화풍을 학습한 인공지능 '딥 드림Deep Dream'을 이용해 작품 전시회를 열었다.

2017년 칸 국제광고제에서는 특별한 커뮤니케이션 캠페인이 수상을 했다. 바로 마이크로소프트에서 ING, 렘브란트박물관, 델프트 기술대학과 함께 렘브란트의 작품을 컴퓨터로 재현하는 '더 넥스트 렘브란트The Next Rembrandt' 캠페인이다. 렘브란트의 모든 작품에서 표면에 나타나는 특징을 모두 데이터화한 다음 인공지능 머신러닝으로 렘브란트가 직접 그린 것처럼 새로운 작품을 만들어 내는 프로젝트이다. 렘브란트의 작품 346점을 모두 디지털 스캔을 한 다음 색채와 구도, 터치감 같은 특징을 딥러닝 알고리즘을 이용해 컴퓨터에 입력하고 훈련시키는 작업을 진행했다. 인공지능 기술을 바탕으로 한 아이디어와 크리에이티브가 절묘하게 조화를 이루어 새로운 차원의 아날로그 그림을 만들어 냈다는 점에서 인공지능으로 대변되는 새로운 디지털 기술이 우리 일상에 어떤 영향을 미칠지 여실하게 보여주는 사례이다.

인공지능을 통한 트렌드 예측 사례도 있다. 2016년 멜버른 스프링 패션위크에서는 데이터를 활용한 인지 컴퓨팅 기술로 만든 옷 12벌이 전시되었다. 인공지능이 패션 트렌드를 반영한 이미지와 소비자가 선호하는 패션 사진을 분석하여 트렌드를 예측하고 상품을 기획할 때 조언을 해주었다.

인공지능이 다양한 분야로 확대되면서 시장 규모도 빠르게 성장할 것으로 예상된다. 매킨지McKinsey 컨설팅은 2025년까지 인공지능 산업의 파급효과가 6조 7000억 달러에 이를 것으로 예상하고 있으며, 일본 EY 연구소는 2020년까지 인공지능 산업 전반의 시장 규모를 23조 638억 엔으로 추정한다. 우리나라 KT경제경영연구소는 인공지능 관련 시장이 2020년 2조 2000억 원, 2025년 11조 원, 2030년 27조 5000억 원으로 성장할 것으로 예상한다.

그렇다면 인공지능 기술을 마케팅에 어떻게 활용할 것인가? 첫째, 인공지능 기술로 고객 경험을 강화할 수 있다. 기존 고객관계관리를 강화해 최적화된 고객관계관리를 가능하게 한다. 인공지능을 기반으로 고객 개개인별로 최적화된 콘텐츠를 제공함으로써, 좀 더 정교한 고객 경험관리가 가능할 것이다. 세일스루Sailthru의 사이트라인Sightline은 고객이 웹상에 남긴 사진, 글, 접속 정보를 인식한 뒤 특징을 분류해 최적화된 고객관계관리 서비스를 제공하고 있다. 둘째, 판매 역량을 강화할 수 있다. 인공지능 로봇이 판매를 담당해 저비용으로 매출 향상을 도모할 수 있다. 실제 일본 네스카페 매장에서는 페퍼를 서비스 응대에 도입한 이후 매출이 15% 향상되었다고 한다. 셋째, 인공지능을 기반으로 한 정교한 마케팅 기획과 설계가 가능하다. 개인의 주관이 철저하게 배제된 객관적이고 정교한 분석으로 마케팅 조사, 분석의 효율성을 제고할 수 있다. 이미 많은 기업이 혁신적인 이미지를 높이기 위해 앞다퉈 마케팅 분야에 인공지능을 적용한 사례들이 있다.

실상 인공지능이라는 것은 인간의 두뇌와 지능을 모방한 기술로서 그 자체가 인간 뇌의 뉴런 방식을 인공지능 알고리즘 설계의 모티프를 차용한 것이다. 인공지능은 인간의 능력을 확장하거나 보조하는 역할을 하고 있지만, 인간만이 할 수 있다고 생각하는 창조의 영역에까지 곧 인공지능이 진출할지도 모른다는 추정이 가능하다. 이러한 인공지능 기술을 마케팅 커뮤니케이션 도구로 활용할 경우 기술 수용성, 적용 용이성 측면에서 고려하고 고객 경험을 중심으로 커뮤니케이션을 설계해야 한다.

OPTION

04

인공지능 챗봇

인공지능 챗봇, 이제 마케팅 커뮤니케이션의 기본이다. “앱의 시대는 저물고, 봇의 시대가 왔다”는 마이크로소프트의 연례 개발자 콘퍼런스인 ‘빌드 2016’에서 마이크로소프트의 최고경영자인 사티아 나델라Satya Nadella가 한 말이다. 이미 많은 전문가가 봇Bot의 미래에 대해 봇이, 그동안 만들어진 많은 앱을 대체하는 수준을 넘어서 새로운 기회를 창출하는 기술로 성장할 것으로 판단하고 있다.

수년 전 ‘심심이’라는 스마트폰 애플리케이션이 화제가 된 적이 있다. 심심할 때 문자를 보내면 심심이가 사용자가 보낸 문자에 따라 재치 있는 답변을 해주는 앱이었는데, 제한적인 질문에 제한적인 답변만 가능했지만 사용자들에게 큰 관심을 받은 채팅 앱이었다. 여기에 적용된 대화 방법은 패턴 매칭 방식으로 미리 사람이 정의한 키워드를 기반으로 응답하는 제한적인 방법이었다.

인공지능 기술이 챗봇에 적용되면서 챗봇은 그저 재미 영역에서만 사용되는 서비스가 아니라는 것이 증명되고 있다. 2016년 3월 마이크로소프트의 빌드 2016 행사에서 사티아 나델라는 "봇이 앱을 대체하고, 디지털 개인 비서가 새로운 메타 앱이 되고, 컴퓨터와 사람 사이의 모든 상호작용에 인공지능이 침투할 것"이라는 선언을 했다. 매타 앱이란 앱을 조정하는 솔루션을 의미한다.

최근 메신저 기반 SNS의 사용자가 높은 사용성을 기반으로 웹, 앱 기반 SNS 사용자를 넘어섬에 따라 주로 메신저 앱에서 작동하는 챗봇 서비스에 대한 관심이 증대되고 있다. 챗봇은 별도 웹이나 앱으로도 구현할 수 있지만, 일반적으로는 기존에 잘 알려진 카카오톡이나 페이스북 메신저 같은 메신저 앱을 플랫폼으로 주로 활용한다. 메신저 앱 서비스가 급격하게 성장하면서 챗봇이 확산될 기반이 확보되었다. 참고로 세계 메신저 앱 서비스는 왓츠앱, 위챗, 라인 등이 사용자 5억 명 이상의 빅 3 메신저 기업으로 성장할 것으로 전망되며, 페이스북 메신저의 가입자 수가 빠르게 늘고 있다.

챗봇은 무엇인가? 채팅과 로봇의 합성어인 챗봇은 인공지능 기술을 기반으로 사용자와 대화를 나눌 수 있는 컴퓨터 소프트웨어이다. 챗봇의 역할을 정의한다면, 챗봇은 사람들이 필요로 하는 정보 제공과 서비스 탐색을 대신함으로써 개인과 서비스를 연결해주는 연결 고리 역할을 수행한다. 즉, 챗봇은 사람과 문자 대화를 통해 질문에 응답하거나 연관 정보를 제공하는 '인공지능 기반의 커뮤니케이션 솔루션'이라고 할 수 있다.

챗봇의 특징은 첫째, 일대다 커뮤니케이션이 가능하다는 점이다. 이메일에 대한 회신뿐 아니라, 페이스북과 같은 소셜미디어에서 댓글 대응, 상품 정보 제공 등 다수의 사용자에게 동시에 고품질의 정보를 전달할 수 있다. 둘째, 개별적인 커뮤니케이션이 가능하다. 사용자 개인의 로그인이나 위치를 기반으로 맞춤형 정보를 제공할 수 있다. 셋째, 맥락에 맞는 커뮤니케이션을 제공할 수 있다. 소비자가 이전 단계에서 질문한 내용들을 기억해 맥락에 맞는 답변을 제공할 수 있다. 소비자와 이전 대화에서 나누었던 내용을 인공지능이 기억해 답변을 제공하는 것이다.

챗봇은 용도에 따라 마케팅용과 서비스용으로 나눌 수 있다. 마케팅용은 상품에 대한 설명이나 광고를 안내하는 용도이고, 서비스용은 당장의 제품 판매가 아니라 상품을 구매한 고객들에게 사용법을 알려주거나, 제품 사용 시 문의 사항에 답변하고 고객 불만이 있을 경우 담당 부서에 연결하는 역할을 한다.

인공지능 챗봇의 이러한 장점 때문에 글로벌 IT 기업의 인공지능 챗봇에 대한 개발과 투자가 빠르게 진행되고 있다. 페이스북은 2016년 글로벌 개발자 회의 'F8 2016'에서 일기예보 챗봇인 판초Pancho를 선보였다. 마이크로소프트는 2015년 중국어 채팅봇인 샤오이스Xiaoice와 일본어 채팅봇인 린나Rinna를 공개한 데 이어, 2016년에는 스스로 학습하는 인공지능 챗봇 테이Tay를 선보였다. 그런데 일부 사용자가 테이에게 욕설, 인종차별 발언, 히틀러 옹호 발언 등을 학습시켜 부정적인 답변을 하도록 했고, 이로 인해 하루도 안 돼 서비스가 종료되었다. 그 후에는 이러한 부정적 답변을 하지 않도록 설정한 새로운 인공지능 챗봇인 조 ai Zo.ai를 페이스북과 킥Kik에 오픈해 사용자를 좀 더 잘 이해하는 인공지능 챗봇을 만들기 위한 연구를 진행하고 있다.

IT 기업이 직접 솔루션을 개발한다면 다양한 분야의 메이커들은 해당 솔루션을 바탕으로 자사 콘텐츠를 적용한 인공지능 챗봇을 최근 론칭해 소비자와 커뮤니케이션하고 있다. H&M에서는 사용자에게 특정 이미지를 선택하게 함으로써 소비자의 스타일을 파악하고 날씨와 상황에 맞는 옷과 액세서리를 추천해주며 가격을 안내해주는 인공지능 챗봇을 출시했다. 만약 사용자가 어울린다고 생각하면 바로 구매해 배송받을 수 있는 서비스를 제공한다.

노스페이스는 자사 홈페이지에 인공지능 챗봇을 도입했다. 소비자의 여행 계획을 물어보고, 여행지의 날씨를 바탕으로 고객에게 맞을 만한 옷을 여러 벌 추천해준다. 만약 사용자가 여행 가고 싶은 도시나 국가의 날씨를 챗봇에게 묻고 어울리는 재킷을 요청하면, 챗봇은 그곳의 날씨를 조사해 현지 환경에 맞는 재킷을 이미지와 함께 추천하는 식이다. 전기차업체 테슬라는 목적에 따라 여러 가지 챗봇을 운영하고 있다. 그중 차량의 일부를 제어할 수 있는 서비스를 제공하는 챗봇은 차량의 배터리 잔량을 확인한다거나 차량 내부 온도를 조절하기도 한다. 삼성전자는 갤럭시 S8 론칭 시점에 소비자가 궁금해하는 질문들에 효율적으로 설명하기 위한 챗봇을 미국에 오픈해 소비자의 각종 질문에 대응하기도 했다. 피자헛은 페이스북과 트위터의 챗봇으로 피자 주문을 받기도 한다. 전화 대신 메신저를 통해 좀 더 쉽게 고객의 주문을 받으려는 전략이 숨어 있다. KLM 항공사는 고객의 체크인 알림, 항공기 발권, 예약 변경 응대 등을 할 수 있는 인공지능 챗봇을 도입해 각종 고객 문의에 사용하고 있다.

현대자동차는 모바일 채팅에 익숙한 2030 세대 고객층을 위해 코나 챗봇을 만들었다. 코나 챗봇은 현대자동차가 출시한 소형 SUV 코나에 대한 상품, 디자인, 가격 정보 등을 고객에게 안내하기 위해 만들어졌다. 코나 챗봇은 적극적으로 대화를 이끄는 시나리오를 적용해 고객이 편리하게 원하는 정보를 얻거나 연계 정보에 손쉽게 접근할 수 있도록 서비스를 제공하고 있다. 언어도 구어체에 가까운 친근한 문장을 활용하며, 어려운 자동차 기술 용어도 소비자가 이해할 수 있도록 쉬운 언어로 설명해준다. 5000가지가 넘는 유형의 질문에 답변이 가능할 뿐 아니라, 고객의 질문에 다양한 영상, 가상현실 등 멀티미디어 콘텐츠를 활용해 답변을 제공한다. 또한, 사용자의 위치에서 코나가 전시된 가까운 매장을 찾을 수 있도록 도와주고, 시승 예약을 도와주는 등 고객이 코나와 관련해 도움을 받고 싶을 때 365일 24시간 서비스를 제공하고 있다.

현대카드가 출시한 챗봇 버디는 하루 2만 가지 이상의 질문에 답변하고 있다. 사용자가 현대카드 챗봇 서비스를 이용해 포인트 혜택이 가장 높은 카드에 대한 정보를 물어본 뒤 카드 발급을 신청하면, 챗봇이 포인트 혜택이 가장 높은 카드를 신청하는 과정을 안내해준다.

최근 우리나라 지자체에서도 민원 서비스 대응을 위해 챗봇을 개발하여 적용하는 사례가 생겼고, 일부 대학교에서도 학생 민원 서비스용 챗봇을 제공하고 있다. 왜 우리는 챗봇에 주목해야 할까? 사용자 관점에서 챗봇에 관심을 가져야 하는 이유는 다음과 같다.

첫째, 앱과의 비교 경쟁력이다. 앱 사용자들이 앱 마켓에 앱이 너무나 많아 자신에게 맞는 앱을 찾고 설치하는 데 상당한 피로감을 느끼는데 봇은 이러한 선택의 어려움을 느낄 필요가 없다. 둘째, 사용자는 새로운 기술이 등장할 때마다 사용법을 익히면서 테크노스트레스를 받는다. 채팅은 어떤 기술보다 익히기 쉬운 기술이라 이러한 스트레스의 부담이 적다. 셋째, 앞서 언급한 것처럼 사용자가 매신저 앱에 익숙하기 때문에 챗봇 방식에 대한 거부감이 없다. 넷째, 챗봇은 추가 설치가 없는 서비스이다. 추가 설치가 없다는 것은 앱 마켓에 들어가 앱을 다운로드받고, 실행하는 번거로운 절차가 없다는 것을 의미한다. 다섯째, 챗봇은 개인 맞춤형 상담과 서비스가 가능하다. 여섯째, 소비자가 24시간 언제든지 부담 없이 이용할 수 있다는 점이다. 마지막으로, 고도화된 인공지능 챗봇을 사용하면 고객 밀착 마케팅이 가능해져 결국에는 긍정적인 고객 경험을 제공할 수 있다.

기업 입장에서는 다음과 같은 챗봇의 발전 가능성을 고려해야 한다. 신경망 회로 방식을 적용한, 발전된 인공지능 기술이 챗봇과 결합되어서 발전 가능성이 짐작할 수 없을 정도로 높다. 비즈니스 확장성이 높다. 머지않아 챗봇을 통한 이커머스가 가능해진다. 앞서 언급한 피자헛 챗봇은 사용자가 대화창에서 결제까지 연계할 수 있는 서비스를 제공한다. 향후 인공지능 챗봇은 발전 가능성이 매우 높은 분야이다. 챗봇은 향후 보이스봇으로 음성 대화가 가능한 수준으로 발전할 것으로 예상된다. '음성을 텍스트화'하는STT, Speech to Text 기술이나 '텍스트를 음성화'하는 TTS, Text to Speech 기술이 좀 더 발전하면, 인공지능과 사람이 같이 대화하는 것도 어려운 일이 아니다. 이 보이스봇 기술을 바탕으로 개인 비서 역할을 수행하게 된다면, 다양한 서비스와 접목이 가능하다. 현재의 자연어 처리 기술이 발전해 소비자의 문장과 용어를 좀 더 잘 이해하고 대응할 수 있다면 챗봇은 향후 더 넓은 영역에서 그 기술이 활용될 것이다.

챗봇의 단기적인 기대 효과는 기업의 혁신적인 이미지를 구축하는 데 용이하다. 앞서가는 기술 트렌드를 선도적으로 도입함으로써 혁신적 브랜드로 소비자에게 인식될 수 있다. 비용 면에서 효율적인 소비자 서비스 부가가치를 기대할 수 있다. 일반적으로 채널이 많아질수록 관리하고 대응하는 인원이 더 많이 필요한 데 비해 챗봇은 효율적으로 고객 경험을 극대화할 수 있다는 장점이 있다. 다양한 고객 접점에서 새로운 방식의 편의 기능을 제공해 소비자 만족도를 제고하는 등 단기적 측면에서도 기업의 효과적인 커뮤니케이션 도구로 충분히 쓰일 수 있다.

챗봇을 구현할 때 가장 중요한 것은 챗봇의 개발 목적을 분명히 하는 것이다. 고객의 관심을 끌기 위한 용도인지, 이미 구매한 고객에게 정보를 제공하기 위한 용도인지 목적을 분명히 하여 개발과 사전 홍보를 진행해야 한다.

둘째, 가장 적합한 솔루션을 찾아야 한다. 세계 글로벌 IT 기업인 마이크로소프트, 아마존, IBM뿐 아니라 국내에도 많은 관련 기업이 있다. 솔루션에 따라 인지 서비스의 API(Application Programming Interface, 운영체제와 응용프로그램 사이의 통신에 사용되는 언어나 메시지 형식)가 제한적인 솔루션도 있으며, 각 이미지 인식 API 등을 이용할 경우 별도의 이용료가 발생할 수도 있으니 콘텐츠 구현 기획에서 제약 사항을 검토가 필요하다. 또한 다른 시스템과의 연결 용이성 및 유지 관리 용이성을 고려해야 한다. 지나치게 유지 관리비가 높거나 해당 솔루션사의 클라우드 서비스를 연계 사용할 경우 서버 사용료가 높지는 않은지 챗봇 시스템 구축 전에 파악하는 것이 필요하다.

셋째, 채널에 대한 명확한 이해를 바탕으로 챗봇을 구축해야 한다. 만약 페이스북, 카카오톡, 위챗 등 메신저 기반의 챗봇을 구현할 경우 메신저 앱의 사용자 정책은 무엇인지, 구현에 어떤 제약이 있는지를 면밀하게 파악해야 한다.

넷째, 챗봇의 프로필을 인간과 동일한 방식으로 설정해야 한다. 최근 시장에 등장한 챗봇들은 조, 앨리스, 샐리, 피오나, 헨리와 같은 사람의 이름을 대화명으로 사용한다. 챗봇을 사용하는 사람들이 친근감을 느끼도록 사람의 이름을 사용하고, 캐릭터를 명확하게 하는 것이 좋다. 예를 들어 현대자동차의 코나 챗봇 앨리스는 코나 타깃 고객층인 2030세대 여성 고객과의 커뮤니케이션을 고려해 20대의 밝고 긍정적이면서 호기심이 많은 여성 캐릭터로 만들었다. 현대카드는 밝고 쾌활한 성격의 피오나와 정중하고 차분한 성격의 헨리 캐릭터로 챗봇을 만들어 사용자가 편하게 대화할 수 있는 상대를 선택하도록 배려했다.

인공지능 챗봇은 이제 모든 기업이 고려해야 하는 마케팅 커뮤니케이션 도구이다. 앞으로는 챗봇 서비스를 사용하지 않는 기업을 찾기 어려운 시기가 도래한 것이다. 과거 기업이 온라인 웹페이지를 만들었던 것처럼, 모바일 웹을 만들고 모바일 애플리케이션을 개발해 고객 커뮤니케이션에 활용한 것처럼, 챗봇은 미래의 중요한 소비자 커뮤니케이션 채널이 될 것임이 확실하기 때문이다.

USER SCENARIO SAMPLE

현대카드 챗봇의 시나리오 예시

- 사용자: 포인트 혜택이 높은 카드 추천해줘.
- 현대카드 버디: 보다 더 많은 적립을 원하신다면, 강력한 포인트 카드 현대카드M3 Edition2가 제격일 것 같습니다. 기본 적립률의 2배까지 M포인트를 쌓을 수 있거든요. 한 달에 50만 원 이상 이용 시 모든 가맹점에서 0.5~2% M포인트를 쌓아주고, 200만원 이상 사용 시 기본 적립률의 2배를 적립할 수 있습니다. 참고로, 영화관 3000원·6000원 할인, 무료 주차 등 플래티넘서비스와 클럽서비스 등의 혜택도 제공됩니다(현대카드 M3 Edition2 안내).
- 사용자: 카드 발급 신청해줘(무슨 카드인지 언급하지 않음).
- 현대카드 버디: 현대카드 홈페이지에서 신청 도와드릴게요. 이름과 휴대전화만 입력해주시면 현대카드 상담원이 전화드려요(현대카드M3 Edition2 신청).

OPTION

05

사물인터넷과 마케팅

2017년 9월 카카오에서는 자사의 카카오 캐릭터를 활용한 카카오미니를 발표했다. 카카오미니는 판매 38분 만에 3000대를 완판하면서 기능적 완성도와는 별개로 인공지능 스피커 시장 진출에 성공했음을 알렸다. 2년 전 아마존의 에코Echo에서 시작된 인공지능 스피커 시장은 구글이 구글홈Google Home, 마이크로소프트는 인보크INBOKE, 엔비디아는 스팟SPOT, SK텔레콤은 누구, 네이버는 웨이브, LG전자는 스마트씽큐허브, KT가 기가지니를 출시했으며, 애플은 홈팟HomePod을 2017 세계개발자회의에서 발표했다. 삼성은 스마트폰에 적용된 빅스비Bixby 인공지능을 기반으로 새로운 인공지능 스피커를 곧 출시할 것으로 알려졌다. 아마존은 에코에 스크린까지 접목한 에코 쇼를 출시하기도 했다. 인공지능 스피커를 넘어 새로운 제품군을 칭하는 명칭이 필요한 상황이다.

왜 이토록 출신 성분도 다른 많은 IT·유통·전자기기업체가 인공지능 스피커를 시장에 내놓고 새로운 생태계를 구축하려 할까? 한 가지 단언할 수 있는 것은 시장의 주목을 끌기 위한 수단으로 새로운 기기를 시장에 내놓은 것은 아니라는 점이다. 이들은 이 기기를 통해 사물인터넷으로 다시 한번 시작될 디지털 빅뱅에서 살아남기 위한 수단으로 인공지능 스피커를 생각하고 있다. 물론 아직 인공지능 스피커가 사물인터넷의 허브 역할을 할 수 있는 상황은 아니다.

아마존 에코가 처음 등장했을 때, 음성 비서 대화명인 알렉사가 할 수 있는 일은 매우 제한적이었다. 날씨나 주가지수를 대답하던 알렉사는 이제 일정 관리나 선호하는 음악 재생 같은 어려운 지시도 척척 응하는 수준으로 성장했으며, 집 안의 다양한 기기를 작동시키는 역할도 수행하기 시작했다. 왜 스피커에 인공지능을 적용해 스마트 홈의 허브 역할을 기대하게 되었을까? 음성 제어는 어려운 기술이지만 사용자에게 가장 간편한 사용자 인터페이스이기 때문이다. 음성 명령은 컴퓨터를 알지 못하는 어린아이도 자연스럽게 배울 수 있는 조작법이다.

웨어러블 IT 기기도 사물인터넷의 일종이다. 애플워치나 삼성 기어S 워치는 시계 모양으로 네트워크에 연결되었고, 사람의 몸에 착용되는 사물인터넷의 일종이다. 2017년 애플의 세계개발자회의에서 애플워치는 세계에서 가장 많이 팔리는 시계로 등극했다. 당분간 애플워치는 세계 판매 1위 자리를 유지할 것으로 보인다.

사물인터넷은 무수한 데이터를 수집하는 디지털 첨병의 역할을 한다. 각종 센서가 있는 스마트워치는 사용자의 생체 정보를 기록해 사용자의 건강을 관리할 수 있다. 심장박동을 체크하고 신체 온도 변화를 감지한다. 애플워치 시리즈 1이 나왔을 때, 애플워치로 목숨을 건진 미국 대학 미식축구 선수 이야기는 웨어러블 IT 기기가 우리의 라이프스타일에 어떤 영향을 미치는지를 보여주는 사례이다. 생체 정보들은 사용자에게 새로운 마케팅을 위한 데이터로 충분히 활용될 수 있다. 실시간으로 건강 상태를 파악한 사물인터넷 스마트워치로 사용자의 건강에 맞는 건강식품이나 운동 프로그램을 알려줄 수 있다면 그야말로 소비자가 필요로 하기 전에 먼저 필요한 것들을 제공하는 마이크로 모먼트 관리가 가능해진다.

'사물인터넷으로 어떻게 디지털 마케팅을 할 수 있는가'는 2017년 4월에 있었던 버거킹의 'Ok Google AD' 캠페인 사례를 보면 알 수 있다. 버거킹은 스피커 기반의 사물인터넷과 짧은 디지털 광고를 절묘하게 활용해 디지털 채널에서 버거킹의 와퍼 제품을 성공적으로 커뮤니케이션했다. 광고에서 버거킹 모델이 "OK Google, what is the Whopper burger?"라고 외치면, 구글홈이 스피커를 작동시켜 위키피디아에 나온 버거킹의 와퍼 버거에 대해 친절하게 설명해준다. 사물인터넷과 디지털 광고의 조합이다. 이 캠페인으로 인해 집에 설치된 구글홈이 광고만 나오면 작동하는 부작용이 생겼고, 버거킹에 반감을 가지고 있는 일부 소비자들이 위키피디아의 버거킹 설명에 부정적 내용을 넣는 등의 부작용이 생기기도 했다. 하지만 짧은 디지털 광고를 사물인터넷과 결합해 새로운 커뮤니케이션 방법을 연출했다는 것은 앞으로 사물인터넷이 어떤 식으로든 마케팅 커뮤니케이션에 새로운 변화를 일으킬 수 있다는 가능성을 보여준 사례이다.

화장품업계에서도 사물인터넷이 새로운 화두이다. 화장품 회사 누스킨Nu Skin은 사물인터넷 기반의 스킨 배합기 제품을 통해 사용자의 화장품 사용 패턴을 파악하고 관련 데이터를 수집해 소비자에게 가장 적합한 배합을 아침저녁으로 추천한다.

향후 집 안의 제품들, 자동차, 공공시설의 물품들이 사물인터넷을 기반으로 하면서 더 똑똑해질 것이다. 아마존은 사물인터넷 시대에 가장 잘 준비된 유통업체이다. 아마존은 간단하게 버튼을 누르면 제품을 주문할 수 있는 대시Dash를 만들었고, 아마존 알렉사를 만들었다. 서점을 대신할 수 있는 킨들과 킨들 파이어를 만들었고, 제품이나 제품의 바코드를 인식하는 카메라가 부착된 스마트폰 파이어폰을 개발하기도 했다. 물론 실패한 제품도 성공한 제품도 있다. 분명한 것은 아마존은 소비자와 다양한 디지털 접점을 만드는 전략을 성공적으로 실행하고 있다는 점이다.

시장조사업체 BI 인텔리전스BI Intelligence는 2019년까지 사물인터넷 디바이스 시장이 스마트폰, PC, 태블릿, 커넥티드 카, 웨어러블 디바이스를 모두 합친 시장 규모의 두 배가 될 것으로 예측하며, 인터넷에 연결되는 디바이스 출하량은 2019년까지 67억 대가 될 것으로 예상하고 있다. 2020년에는 세계 인구보다 더 많은 커넥티드 디바이스가 지구상에 존재할 것이다. 사물인터넷 마케팅 전략은 별도의 마케팅 프레임이 아니다. 미래 마케팅의 성공 열쇠는 고객 행동 패턴 분석을 기반으로 하는 데이터 드리븐 마케팅이 될 것이다. 그런 의미에서 사물인터넷의 파괴력은 엄청날 것이다. 디지털 마케터는 이제 모바일 전략을 세울 때 사물인터넷을 반드시 고려해야 한다. 소비자가 원하는 순간이 바로 마케터가 커뮤니케이션해야 하는 순간이다. 소비자가 궁금해하는 내용을 바로 해결해주는 것, 문제가 발생하기 전에 해결 방안을 제시하는 것이 마케터가 고민해야 할 방향성이라면 사물인터넷은 분명 디지털 마케터에게 새로운 기회를 제공할 것이다.

OPTION

06

마케터가 준비해야 할 것들

디지털 마케터는 기존의 마케터와는 다른 습관이 필요하다.

아날로그 감성을 갖자. "머리는 차갑게 가슴은 뜨겁게"라는 말이 있다. 디지털은 차가운 속성에 가깝다. 커뮤니케이션은 뜨거운 속성에 가깝다. 디지털을 다루지만, 아날로그 감성을 지니고 있어야 디지털 시대를 관통하는 스토리를 만들어 낼 수 있고, 다른 사람들이 내놓은 아이디어와 스토리라인이 뛰어난지 아닌지를 판단할 수 있다. 따뜻한 아날로그 감성은 인간의 본성에 좀 더 맞닿아 있기 때문이다. 인간의 본성을 이해해야 소비자를 진정성 있게 이해하는 마케터로서의 자세를 갖추었다고 할 수 있다.

소비자를 관찰하자. 동시에 직접 소비자가 되어보자. 직접 구매 과정도 경험하고, 직접 제품을 사용하고 관련된 커뮤니티 활동도 하면서 소비자 시각에서 브랜드와 상품을 바라보는 훈련을 해야 한다. 우리 브랜드를 사용해보지 않고 어떻게 브랜드 경험을 이야기할 수 있겠는가?

경험의 영역을 확장하자. 책과 영화를 자주 접하자, 소비자를 알기 위해서는 모호한 마케팅 지식보다는 소비자를 이해하는 데 도움이 되는 직접경험이나 간접경험이 더 중요하다. 마케터는 브랜드와 소비사를 이어주는 다리이다. 소비자의 이야기를 가까이에서 이해하고, 브랜드의 메시지를 진정성 있게 잘 전달하는 역할을 수행한다는 이야기이다. 소비자 입장에서 직접 경험하지 않으면 진정성 있는 메시지를 만들어서 전달하는 것이 불가능하다.

젊은 마음을 유지하자. '나이'라는 개념은 사회적으로도 점점 희석되고 있다. 최근의 젊은 세대들은 과거의 젊은 세대들보다 수학이나 프로그래밍 언어에 더 어려움을 느낀다고 한다. 디지털 네이티브 성향을 가진 이들은 디지털기기와 소셜미디어를 활용하는 데 아무런 어려움을 느끼지 못한다. 쉽게 말하면 컴퓨터와 스마트폰의 구동 원리는 잘 모르지만, 컴퓨터와 스마트폰을 자유자재로 다룰 줄 안다는 것이다. 이런 이들의 속성을 이해하기 위해서라도 젊은 마음을 유지해야만 새로운 형태의 디지털 마케팅에 대한 확신을 가지고 일할 수 있다.

얼리 얼리 어답터가 되어야 한다. 새롭게 등장하는 모든 디바이스를 가장 먼저 사용해봐야 한다. 얼리 얼리 어답터가 되어야 한다고 해서, 무조건 제품을 구매해야 할 이유는 없다. 처음 나오는 디바이스들은 시장에 나오기 전 테스트 기간을 거쳐 출시된다. 콘퍼런스나 행사에서 디바이스를 먼저 선보이는 경우도 많고 공식적으로 테스터를 모집하기도 한다. 데모 테스터로서 참여해 디바이스에 대한 경험을 먼저 해보는 것이 디지털 마케터의 경험을 확장하는 데 도움이 된다.

매일 공부해야 한다. 트렌드를 지속적으로 관찰해야 한다. 우선 매년 10월 발표되는 「가트너 10대 전략 기술 트렌드」를 챙겨서 보자. 나스미디어, 메조미디어 같은 미디어랩사는 분기별로 디지털 트렌드 보고서를 배포하고 있으며, 많은 디지털 에이전시가 자사의 시각을 담은 디지털 마케팅 트렌드 보고서를 배포하고 있다. 이런 보고서를 챙겨 보는 것만으로도 디지털 마케팅의 흐름을 파악하는 데 도움이 된다.

'알파고 제로Zero'의 등장으로 IT업계가 떠들썩하다. 기초적인 바둑 규칙 외에는 무에서 시작해 딥러닝을 완전히 생략하고 강화 학습만으로 알파고 제로가 신의 경지에 이르렀다는 것이다. 인간계의 바둑 챔피언인 이세돌을 4대1로 이긴 '알파고 리LEE'와 상대해 100전 100승, 그야말로 신의 영역에 근접한 바둑 인공지능의 등장이다. 스스로 시뮬레이션하고 훈련하는 자가 학습으로 세계 최고의 바둑 인공지능이 된 알파고 제로의 등장은 세계 IT업계가 향후 어떤 방향으로 흘러갈지를 보여주는 상징적인 사건이다.

비지도 학습 기반의 인공지능이 상용화되면, 세상이 지금과는 확연히 다르게 변화하게 될 것이다. 많은 전문가가 인공지능의 윤리와 행동 강령을 이야기하는 것은 인공지능의 급격한 발전으로 인해 인간계에 발생할 수 있는 혼란을 걱정하기 때문이다. 이 혼란의 상황은 또 다른 기회의 상황이다. 역사가 증명했듯이 이러한 혼란기에 늘 영웅이 나타나고, 그 영웅은 그 전까지의 패러다임을 완전히 뒤집는 새로운 개념의 능력을 가진 사람일 것이다.

"미래를 예측하는 가장 좋은 방법은 미래를 창조하는 것이다."

– 에이브러햄 링컨Abraham Lincoln

디지털 마케터는 이 시대가 요구하는 새로운 인재상에 가장 걸맞은 직업이며, 향후 미래의 리더로 성장하는 데 가장 적절한 여건에 있는 직업이다. 융합, 창조형 인재가 필요한 4차 산업혁명 시대에 디지털 마케팅이라는 직업을 가지고 있다는 것은 큰 기회이다. 디지털 마케터들은 기계와 인공지능이 생각하지 못하는 오류들을 창의적 생각으로 채워서 시대를 이끌어가는 리더가 될 목표를 세워야 한다.

IT 연구기관 가트너는 '가트너 심포지엄/IT엑스포 2017'에서 인공지능으로 인해 2020년 일자리 230만 개를 창출하고 일자리 180만 개가 소멸될 것이라고 예측했다. 아마 장기적으로 인공지능은 많은 사람의 일자리를 빼앗겠지만, 단기적으로 인공지능은 인공지능과 관련된 새로운 일자리를 만들어 낼 것이다. 새로운 디지털 시대에 영민한 마케터가 된다면 새로운 세상의 주인이 될 것이고, 현재에 안주하고 주저하면 인공지능이 만든 거대한 혼란의 구멍에 빠지고 말 것이다. 일자리를 잃을 것인가, 새로운 일자리를 찾을 것인가.

새로운 기회를 만들어야 하는 마케터에게

2017년 상반기 디지털 광고의 총매출이 방송광고를 최초로 추월했다. 제일기획이 발표한 자료에 따르면, 2017년 상반기 국내 광고 시장이 약 1.6% 성장하는 동안, 방송광고는 1.6% 감소했으나 디지털 광고는 11.8% 증가한 것으로 나타났다. 디지털 광고의 성장과 기존 방송광고의 하락 추이를 봤을 때 수년 내 전체 광고 매출에서 디지털 광고의 비중이 방송광고를 압도할 것으로 예상된다. 아이폰이 등장한 지 10년 만에 인터넷을 포함한 디지털 광고가 기존 전통 매체에서 가장 큰 비중을 차지하는 방송광고를 넘어섰다는 것은 디지털 마케터들에게 새로운 기회가 열렸다는 것을 의미한다.

그동안 광고대행사 내의 디지털 부서는 보조적 역할을 수행하는 데 그쳤다. 수십 년 동안 TV광고가 마케팅 커뮤니케이션 캠페인의 중심이었다. 인터넷이 등장한 초기에 디지털은 TV광고를 길게 보여주거나,

TV광고가 만들어지는 과정을 보여주는 콘텐츠 역할을 주로 해왔다. 디지털 광고는 방송광고를 포함한 전통 광고의 예산을 모두 집행한 다음, 잔여 예산을 활용하여 진행하는 부가적인 마케팅 활동에 불과했다.

이제는 광고를 생각할 때 디지털 미디어를 가장 먼저 고려하는 마케팅 담당자와 기업이 많아졌다. 이제 디지털이 없는 마케팅 캠페인은 생각할 수 없는 시대이다.

지금 모든 회사의 마케팅 담당자들은 현재 상황에서 자사의 디지털 마케팅이 부족하지는 않은지, 어떤 활동을 더해야 이 시대에 우리 기업이 뒤처지지 않고 성공적인 디지털 중심의 마케팅 커뮤니케이션을 할 수 있을지를 걱정한다.

새로운 디지털 환경에 익숙해지는 수준을 넘어서 기업의 속성을 디지털 중심으로 바꿔야 한다. 그러기 위해서는 기업의 경영층부터 디지털 마인드로 중무장해야 하며, 마케팅 책임자는 모든 일에 '디지털 퍼스트'를 가슴에 심어야 한다. 디지털화되지 못한다는 것은 앞으로 기업이 생존해 나갈 방향을 잃는 것과 동일한 의미가 될 것이다.

지금 우리는 하루에 많은 회사가 무너지고 또 그만큼 생겨나는 시대에 들어와 있다. 1990년대 초반 『포춘』지에서 선정한 세계 500대 기업 중 2000년까지 살아남은 기업은 121개에 불과했다. 기업의 평균수명은 1990년 50년에서 2010년 15년으로 줄었고 2020년에는 10년으로 단축될 것으로 예상된다.

'테세우스의 배'라는 말이 있다. 고대 아테네 사람들이 영웅 테세우스가 탔던 배를 후대까지 보존하기 위해 오래된 나무 부속들을 뜯고 다시 고치는 과정에서 원래 배를 이루던 널빤지와 부속은 모두 사라지고, 완전히 새로운 배가 되어버렸다는 이야기이다. 변화의 과정은 고통스럽고 때로는 과거의 자산을 모두 잃어버리는 빈털터리 신세로 전락하게 되는 경우가 있다. 결국에는 이러한 변화의 과정에서 남는 것은 사람이며, 그 사람이 얼마나 의지를 가지고 있느냐에 따라 변화의 소용돌이를 이겨내고 더 강한 존재로 탈바꿈할 수 있다.

이제 브랜드에 대한 소비자의 충성도는 더 이상 브랜드 네이밍에 기인하지 않는다. 앞으로는 내가 얼마나 편하게 그 기업의 제품과 서비스를 이용했는지와 그 기업이 얼마나 선도적이고 혁신적인지에 기인할 것이다. 마케터는 유례없는 기회의 시절을 맞이할 것이며, 마케터의 실력이 바로 그 브랜드에 대한 소비자의 충성도를 이끌어 내는 핵심 요인이 될 것이다.

'변화와 도전', 이 단어보다 마케터의 본질을 잘 설명하는 말은 없다. 변화는 언제나 기회를 만들었고, 도전하는 사람만이 변화가 만들어 내는 기회의 열매를 얻을 수 있다. 변화와 도전 앞에서 당당한 마케팅 커뮤니케이터는 다름 아닌 준비된 당신이다.